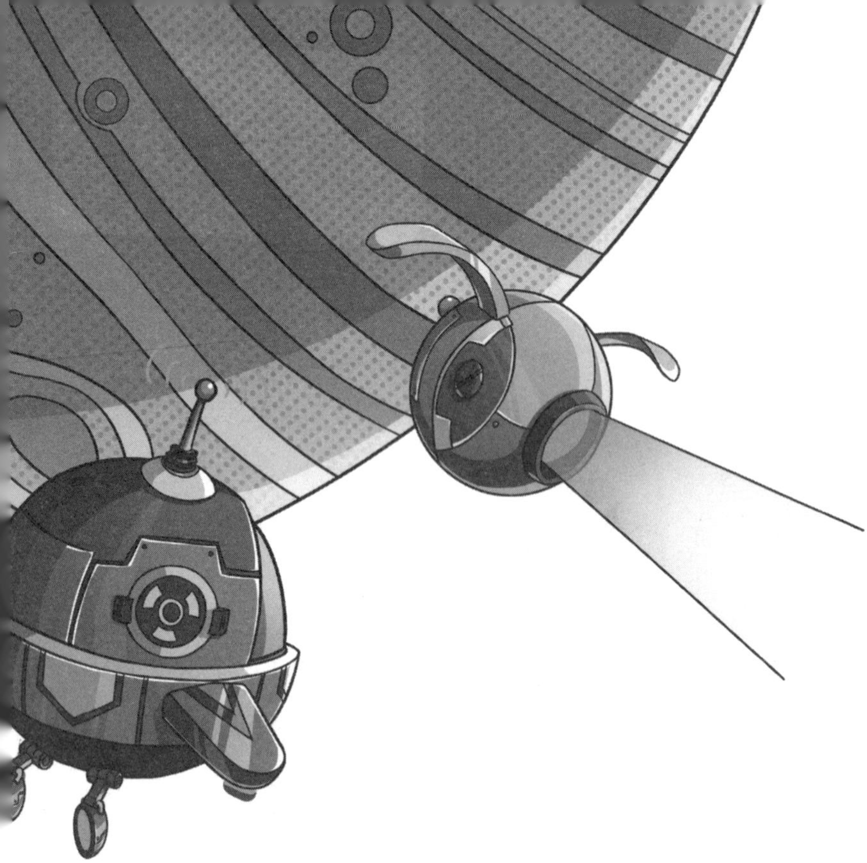

《读者》人文科普文库·"有趣的科学"丛书

KEHUAN YINGXIONG DE
SHENQI ZHUANGBEI

科幻英雄的神奇装备

《读者》（校园版）编

甘肃科学技术出版社

图书在版编目（CIP）数据

科幻英雄的神奇装备/《读者》（校园版）编. -- 兰州：甘肃科学技术出版社，2020.12（2021.8重印）
ISBN 978-7-5424-2773-1

Ⅰ.①科… Ⅱ.①读… Ⅲ.①科学知识－青少年读物 Ⅳ.① Z228.2

中国版本图书馆CIP数据核字(2020)第 249019 号

科幻英雄的神奇装备

《读者》（校园版） 编

出 版 人	刘永升		
总 策 划	马永强	富康年	
项目统筹	李树军	宁 恢	
项目策划	赵 鹏	潘 萍	宋学娟 陈天竺
项目执行	韩 波	温 彬	周广挥 马婧怡

项目团队	星图说
责任编辑	赵 鹏
封面设计	陈妮娜
封面绘画	蓝灯动漫

出　版　甘肃科学技术出版社
社　址　兰州市读者大道568号　　730030
网　址　www.gskejipress.com
电　话　0931-8125103（编辑部）　0931-8773237（发行部）
京东官方旗舰店　https://mall.jd.com/index-655807.html

发　行　甘肃科学技术出版社　　印　刷　三河市嵩川印刷有限公司
开　本　787毫米×1092毫米　1/16　印　张　13　插　页　2　字　数　170千
版　次　2021年1月第1版
印　次　2021年8月第2次印刷
印　数　10 001~15 100 册
书　号　ISBN 978-7-5424-2773-1　定　价　48.00元

图书若有破损、缺页可随时与本社联系：0931-8773237
本书所有内容经作者同意授权，并许可使用
未经同意，不得以任何形式复制转载

前　言

　　面对充斥于信息宇宙中那些浩如烟海的繁杂资料，对于孜孜不倦地为孩子们提供优秀文化产品的我们来说，将如何选取最有效的读物给孩子们呢？

　　我们想到，给孩子的读物，务必优中选优、精而又精，但破解这一难题的第一要素，其实是怎么能让孩子们有兴趣去读书，我们准备拿什么给孩子们读——即"读什么"。下一步需要考虑的方为"怎么读"的问题。

　　很多时候，我们都在讲，读书能让读者树立正确的科学观，增强创新能力，激发读者关注人类社会发展的重大问题，培养创新思维，学会站在巨人的肩膀上做巨人，产生钻研科学的浓厚兴趣。

　　既然科学技术是推动人类进步的第一生产力，那么，对于千千万万的孩子来说，正在处于中小学这个阶段，他们的好奇心、想象力和观察力一定是最活跃、最积极也最容易产生巨大效果的。

　　著名科学家爱因斯坦曾说："想象力比知识本身更加重要。"这句话一针见血地指出教育的要义之一其实就是培养孩子的想象力。

　　于是，我们想到了编选一套"给孩子的"科普作品。我们与读者杂志社旗下《读者》（校园版）精诚合作，从近几年编辑出版的杂志中精心遴选，将最有价值、最有趣和最能代表当下科技发展及研究、开发创造趋势的科普类文章重新汇编结集——是为"《读者》人文科普文库·有趣的科学丛书"。

这套丛书涉及题材广泛，文章轻松耐读，有些选自科学史中的轶事，读来令人开阔视野；有些以一些智慧小故事作为例子来类比揭示深刻的道理，读来深入浅出；有些则是开宗明义，直接向读者普及当前科技发展中的热点，读来对原本知之皮毛的事物更觉形象明晰。总之，这是一套小百科全书式的科普读物，充分展示了科普的力量就在于，用相对浅显易懂的表达，揭示核心概念，展现精华思想，例示各类应用，达到寓教于"轻车上阵"的特殊作用，使翻开这套书的孩子不必感觉枯燥乏味，最终达到"润物无声"般的知识传承。

英国哲学家弗朗西斯·培根在《论美德》这篇文章中讲："美德就如同华贵的宝石，在朴素的衬托下最显华丽。"我们编选这套丛书的初衷，即是想做到将平日里常常给人一种深奥和复杂感觉的"科学"，还原它最简单而直接的本质。如此，我们的这套"给孩子的"科普作品，就一定会是家长、老师和学校第一时间愿意推荐给孩子的"必读科普读物"了。

伟大的科学家和发明家富兰克林曾以下面这句话自勉并勉励他人："我们在享受着他人的发明给我们带来的巨大益处，我们也必须乐于用自己的发明去为他人服务。"

作为出版者，我们乐于奉献给大家最好的精神文化产品，当然，作品推出后也热忱欢迎各界读者，特别是广大青少年朋友的批评指正，以期使这套丛书杜绝谬误，不断推陈出新，给予编者和读者更大、更多的收获。

丛书编委会

2020 年 12 月

目　录

001　三体星人会买什么样的智能硬件
005　科幻大片中的航天黑科技
008　电影《巨齿鲨》里的科学 Bug
014　"另类坐骑"为啥不靠谱
020　苹果公司的面试题
023　王牌特工的手枪
025　小影子大用途
030　探访"钢铁侠"的学校
035　盘点从科幻电影走入现实的技术
041　为何英国频出"文学特工"
044　走进奇幻的间谍王国

050　《星球大战》里的经典武器

054　那些被好莱坞毁掉的军事常识

058　如何成为超级英雄蝙蝠侠

063　电影技术构建新的感官世界

066　让"蒙娜丽莎"开口说话

069　《权力的游戏》中的冰与火

075　不能等的书

077　那张著名的《人类进化图》竟然是错的

081　启发哈利·波特灵感的真实物品

085　《星际穿越》背后的神奇密码

090　为什么动画角色总是戴着手套

093　"画皮"术：特效化妆异闻录

096　科技能否追上超级英雄的脚步

100　摇滚明星的标志造型原来是因为这个

104　"霍比特人"真的存在吗

109　超级英雄科研报告

113　唯快不破

116　假如你成了星际战士

119　比肩诺贝尔的科学传播者

124　看看科学家怎么改剧本

128　《爱丽丝漫游奇境》的科学迷思

133　《长安十二时辰》里的"硬科技"

137　你在看网剧，他在看你

142　NASA背后的隐藏英雄

148 考古与《盗墓笔记》有什么不一样

152 给文学作品做"亲子鉴定"

155 动画片里的那些科技"梗"

159 阿汤哥脚下那个"空地球"

164 孙悟空的筋斗云就是音爆云,这是真的吗

166 古代人的科幻想象力

171 豁出性命拍成《水下中国》

175 你能指望"维京英雄"给你煮出点啥

178 穿在身上的历史

182 不赚钱的"幻想工程部"

185 机长吃饭那些事儿

187 刀枪不入——来真的

189 假声音,真世界

193 青春剧为什么总是选在夏天

198 这些"反派"让人恨不起来

三体星人会买什么样的智能硬件

蜂客空间

在《三体》系列科幻小说中,三体星人生活在距离地球 4.2 光年外的半人马座的一个"三恒星系统"中。他们的科技远比地球人的发达,不难想象,他们的智能硬件产业也远远超过了地球。今天为大家介绍 6 款三体星上最流行的智能硬件,希望地球诸君能够正视差距,奋起直追,争取将来把智能硬件卖到三体星上去。

1. 智能脱水 / 补水衣

根据《三体》记载,三体星人所在的行星与三颗母恒星的距离时近时远,近时母恒星会占据半个天空,行星上一切湖泊中的水都会蒸发殆尽,如地狱一般充满烈焰。三体星人需要迅速脱水,变成"干尸",等到恒星的位置恢复正常时再泡在水里,还原成正常形态。

这给三体星人的生活造成了极大的不便，尤其是在荒无人烟的地区作业时，一旦脱水，"干尸"很难完整地被保留下来。即使被保存下来，当天气转好时，在没有水源的情况下，三体星人也无法恢复正常形态。

"智能脱水/补水衣"可以根据红外线指数、温度和湿度的变化自动提醒用户脱水和补水。脱去的水分可以被衣服吸收，储存在衣服夹层的水袋里，在适当的时候自动帮用户补水。

为了让夹层中的水保持液态，"智能脱水/补水衣"需要特殊的红外线全反射涂料，因此成本较高。

预计价格：22300 △（单位：三体元）

2. 智能纪元手环

"智能纪元手环"彻底解决了三体星人的历法难题。根据三颗母恒星的位置和恒星系卫星定位系统取得的三体星实时位置，"智能纪元手环"自动模拟未来330个自转周期中的乱纪元、恒纪元、三日凌空等天体运动，误差不超过1%个自转周期。

"智能纪元手环"还能编纂三体星老皇历和三体占星表，为用户出行、恋爱、婚丧、嫁娶等提供科学的建议。

根据三体星最高执政者的命令，"智能纪元手环"会采集每个三体星人的脑波数据，上传到云端，并进行大数据分析，从而为三体星政府在制定决策时提供参考。

预计价格：499 △（单位：三体元）

3. 水滴3D打印机

这是三体星军用技术转民用的典型。"水滴3D打印机"的名字起源于一种叫"水滴"的武器系统。"水滴3D打印机"的形状不是水滴状，也不能打印水滴。由于"强相互作用物质多通道束缚态势阱机"的名字太拗口，而水滴正是由强相互作用物质构成的，所以，三体星人才给它定了这样一个简称。

民用的"水滴3D打印机"可以将少量强相互作用物质打印在手机壳上，大大增加手机壳的强度。可以保证在星际旅行途中，即使遭遇小行星群撞击，手机屏幕也不会被碎裂，为星际逃生赢得机会。它的发明者万万没有想到它后来的用途是保护手机。

预计价格：499 △（单位：三体元）

4. 猎户支臂智能翻译器

三体星人所在的半人马座阿尔法星系和地球人所在的太阳系，同属于银河系旋臂系统中的猎户支臂。三体星人利用大数据方法，对猎户支臂的方言资料进行了长达数百个恒纪元的研究，找到了智能识别猎户支臂方言并快速进行双向翻译的方法。

"猎户支臂智能翻译器"通过声波传感器、电磁波传感器和中微子传感器接收时空中的各种信号，通过三体小波分析，自动匹配标定语言，然后翻译成三体脑波。

目前，三体星人已经将"猎户支臂智能翻译器"装到了他们的每个太空监听站，并且重点对附近70光年内的主序星所在的天区进行监听。

预计价格：9765 △（单位：三体元）

5. 谎言智能助手

根据《三体Ⅱ：黑暗森林》记载，由于三体星人是通过脑波而不是发声器官进行交流，整个三体星种族都不知道如何说谎，更不知道该如何识别谎言。这给三体星人的星际外交工作带来了巨大困难。

"谎言智能助手"帮助三体星人识别对话场景，判断对话方所述内容可能是谎言的概率。在适当的情况下，"谎言智能助手"还会建议三体星人隐瞒自己的真实想法，自动为三体星人编写合理的谎言，使三体星人在星际外交场合立于不败之地。

目前，三体星政府对"谎言智能助手"市场加强了管控，严厉打击未经官方认证的私有谎言智能助手，并在政府的办公地点秘密安装"反谎言智能助手系统"，防止政府官员利用职务之便为自己谋利。

预计价格：7800 △（单位：三体元）

6.脑波防火墙

三体星政府对臣民施行军事化管理和军国主义教育，要求全体臣民统一思想，为三体星种族在宇宙中的永久生存而奋斗终生。

根据地球人海森堡发现的量子不确定性原理，任何物种的大脑都可能产生随机意识。为了有效地控制每一个臣民的思想，三体星政府在所有三体星人脑波能传播的地方都安装了脑波防火墙。一旦某个三体星臣民的脑波出现异常，脑波防火墙将对其脑波进行全方位屏蔽，使异端思潮不会传播到其他三体星臣民那里。脑波在被屏蔽之后，该臣民的任何个人信息都将被系统列为绝密资料。其他臣民必须主动控制自己的大脑，不可恣意"想起"被屏蔽的臣民，否则自己的脑波也会被脑波防火墙屏蔽。

预计价格：6300 △（单位：三体元）

科幻大片中的航天黑科技

焦 毅

这对"翅膀"好用到让你舍不得摘下来

对于很多"蜘蛛粉"来说，如果非要在《蜘蛛侠·英雄归来》中选出一件心仪的装备，它很可能不是钢铁侠的盔甲，也不是蜘蛛侠的智能紧身衣，而是大反派"秃鹰"身上那对华美的"翅膀"。因为这对"翅膀"实现了人类长久以来的愿望——真正地像鸟儿一样飞翔。

通过仔细观察可以发现，这对"翅膀"不仅继承了现有成熟的固定翼飞机的发动机助推力，还成功地应用了随意控制方向的超小型发动机和可以进行智能伸展收缩的记忆合金这两项航天黑科技，从而让这对"翅膀"可以在任何位置起飞、悬停，并可以像鸟儿的翅膀一样伸缩挥舞，获得了超强的机动能力与避障能力。

"太空航母"简直机灵得不像话

大家对航空母舰并不陌生，由于具备起降战斗机的能力，它一直以海上最强作战单元被人们所熟知。与此同时，太空中的航天器互相对接，则一直本着尽量降低相对速度的原则来实现。那么你可曾想过，太空中的航天飞机可以像航空母舰一样，不需要调整相对速度就能直接降落到国际空间站吗？在影片《全球风暴》中，就成功将这两项技术结合成了一种新的航天黑科技。

影片中，男主角乘坐航天飞机前往国际空间站维修卫星，其降落并不是传统的减速、调整轨道至相对静止再进行机械对接，而是直接飞进了敞开的国际空间站。原理其实很简单，就是在航天飞机接触国际空间站甲板的一瞬间，甲板马上形成一个固定架，钳住航天飞机的起落架，完成"太空对接"的同时提供强大的阻力，并随着航天飞机一起滑行。

可以任性停靠的光速飞船

让我们来看这样一个简单的过程：航天器一键加速到接近光速——瞬间到达任务区域——再一键减速——最后在目的地软着陆。相信这是每一款航天器的理想状态。

影片《星际特工：千星之城》就将上述这项黑科技展现了出来。男主角执行任务的主要交通工具，就是一艘这样的圆盘状光速飞船。这艘飞船不仅可以瞬间完成光速与低速的切换，甚至在整个过程中，男女主角都没有产生任何异样——这显然不是通过我们熟知的牛顿定律进行的操作。另外，该交通工具还能轻松地实现想停哪儿就停哪儿的软着陆。

太空中的"助推器嫁接"技术

我们都知道,很多运载火箭和战略导弹上都会用到助推器,但这都需要提前将助推器安装在载荷的下方,因为在助推过程将产生巨大的过载,这个过程对连接的精确性、连接位置的刚度和强度都有极高的要求,稍有差错便可能带来毁灭性的后果。而电影《星际特工:千星之城》在开篇就为大家展示了太空中的"助推器嫁接"。

无数个带有触手的助推器"从天而降",准确地飞到国际空间站各个承力点附近,然后通过触手捕获国际空间站,再精确地嫁接到承力点。最后,助推器一同点火,将国际空间站推进深邃的太空,从而开启宇宙之旅。

能控制天气的"荷兰男孩"

"荷兰男孩"并不是来自荷兰的男孩,而是影片《全球风暴》中的地球卫星,其功能不再局限于导航、探测、转发电磁信号上,而是成了无所不能的"上帝"。

在影片中,"荷兰男孩"就是黑科技的化身。它不仅可以通过投放微型子弹迅速改变天气,而且能通过制造云层生成常规的灾难性天气。被植入病毒后,它还会给地面上的人类带来毁灭性的打击。比如,瞬间冻结海浪、引发海啸、形成毁灭性极强的密集闪电,大面积生成比篮球还大的冰雹天气等,在大气层内,它简直可以为所欲为。利用离地上千公里的卫星改变地球的气候格局这一黑科技,着实为影片增色不少。

·摘自《读者》(校园版)2018年第8期·

电影《巨齿鲨》里的科学 Bug

孔 秀

再经典的科幻片也难逃有一堆"科学 Bug"（科学漏洞），比如早期的《星球大战》中，太空战斗居然伴随着"biu-biu-biu"的音效，不是说"声音传播需要介质"吗？

科幻片《巨齿鲨》也难逃这些套路。

真真假假巨齿鲨

巨齿鲨在历史上真的存在过吗？确凿的化石证据显示，巨齿鲨出现于距今 2300 万年的早中新世，直到 260 万年前才灭绝。科学家根据其牙齿推算，它的体长约为 18 米至 20 米——在影片中被虚构成约 25 米。巨齿鲨身体强壮，无疑是海洋中的顶级掠食者，最喜欢捕食海豹、海狮、鲸类等海洋哺乳动物。巨齿鲨统治海洋的时候，齿鲸类开始崛起，梅尔维尔利维坦鲸成为巨齿鲨强有力的对手。

史前生物学专家 Hans Sues 介绍，影片里巨齿鲨的下巴和牙齿是科学的，巨齿鲨张开嘴后，人不用触碰巨齿鲨的任何一颗牙齿就可以游进去。巨齿鲨最令人生畏的就是它的牙齿，像牛排刀那样呈锯齿状，非常锋利，其单颗牙齿长达17厘米。牙齿之间似乎有运送带，可以不断长出一排排新牙齿，因此当先前的牙齿脱落或变钝之前便会长出新的牙齿进行替换。它的牙齿咬合力高达20吨，在影片中，它将一艘船咬成两半，是很有可能发生的。

巨齿鲨的体型和嘴如此之大，牙齿咬合力也如此惊人，可是人类真的需要害怕巨齿鲨吗？

其实，一个人都不够巨齿鲨塞牙缝的。如果像电影里整个海滩都是游泳的人，那或许会引起它的兴趣。不过像影片中巨齿鲨游到三亚湾，对游泳者进行攻击的描述并不现实。首先，游客只被允许在浅水区游泳；其次，在浅水区巨齿鲨是会搁浅的！

万米深渊尽繁华

影片中讲到，由于温跃层的阻隔，其下方的生态系统与海洋的其他地方完全隔绝，保持着亿万年来的原始状态，呈现一片繁荣景象："黑烟囱"冒着滚滚"黑烟"，"烟囱"周围长满管状蠕虫，管状蠕虫之间爬着铠甲虾，周围游动着各种鱼类，发光水母在珊瑚周围舞动着，当然，还有极具攻击性的巨型乌贼和巨齿鲨。

那么，这个欣欣向荣的万米深渊真的存在吗？

海底的"黑烟囱"是海底一种典型的极端环境——海底热液区域，

主要由海底火山喷口流体和海底的流体组成。喷口流体普遍高温，会释放大量的金属离子和还原性质的硫化氢，在遇到富氧的冰冷海水后，会反应形成多金属硫化物，当其冷却后在海底及其浅部通道内堆积，再形成直立的柱体或圆丘，被形象地称为"黑烟囱"。它们集中出现在拉张性构造带上，主要分布于洋中脊、弧后扩张中心，目前在马里亚纳海沟仅发现了低温热液区，在万米深渊出现"黑烟囱"的概率还是极低的。

"黑烟囱"的周围生活着以嗜热硫还原细菌为基础生产力的食物链，构成一个自养自给的共生系统。这一环境内的生物组成主要有鱼类、双壳类、甲壳类，与细菌共生的巨型管栖动物、管水母、腹足类和鱼。这一群落随着"热液"出没，当"热液"停止喷发，这一群落也会随之消失。当新的"热液"产生时，又能形成新的群落。因此影片中对"黑烟囱"及其周围的管状蠕虫及虾类的描述是比较真实的。

关于珊瑚，我们知道浅水珊瑚对水质和水温的要求比较高。其实深海珊瑚也一样，要它们生长在富含硫化氢的热液区，恐怕有点难度。目前发现的深海珊瑚的生长水深约为1000米，还没有出现在万米深渊观察到珊瑚的记录。

另外，影片中潜水器在温跃层下最先看到的画面里有一条面目狰狞的鱼，头部还顶着一个小灯笼。这种鱼叫深海，又叫"普通黑魔鬼"，是深海鱼，而非深渊鱼，其生存深度约在海下900米处。但影片中倒是有一种鱼是真正的"深渊出没者"——深海狮子鱼。这种狮子鱼可以出现在浅海至8000多米深渊的各个深度。但狮子鱼的生存深度根据体内TMAO（氧化三甲胺）的平衡曲线算出来不能大于8200米。目前观测到的狮子鱼生活的最深深度为8178米，基本符合这个理论深度。

高频词汇"温跃层"

马里亚纳海沟是太平洋板块俯冲到菲律宾板块之下形成的一条弧形洼地，位于北太平洋西部，最深处近11000米，这个深度已经得到各种科学设备包括载人潜水器和众多着陆器的验证。

《巨齿鲨》的编剧可能没有参加过科考，所以只是任性地提出假设：人类以往测得的11000米深度的海底并非真正的海底，而是一层由硫化氢组成的云状物的顶面，这层冰冷的云状物即温跃层，温跃层的下方仍然是海水。

这个假设靠谱吗？

在温跃层，海水的温度和密度的确会迅速发生变化，使得温跃层成为生物以及海水环流的一个重要分界面。

但影片中提到，潜水器在即将达到温跃层时的水温为6℃，温跃层的温度是1℃，温跃层以下的水温低于3℃。试问巨齿鲨常年生活在不足3℃的水温中，来到水温将近30℃的三亚海域，不会热得受不了吗？实际上巨齿鲨是冷血动物，无法在寒冷的海洋中保持体温，最低能承受的水温为12℃，适宜其生存的水温为12℃~27℃。

此外，温跃层真的像影片中描述的那样位于11000米深的地方吗？马里亚纳海沟的垂直水温变化是怎样的呢？根据"探索一号"赴马里亚纳海沟科考中着陆器所获取的CTD（温盐深仪）数据，海水表面的温度最高，夏季约为29℃。随着深度的增加，太阳辐射对海水的加热作用减弱，水温逐渐下降，尤以200米处最为明显，其实这里才是所谓的温跃层。

事实上，温跃层的深度和厚度会受到气候变化、海洋环流和湍流混合等的影响而变化。在深度2000米以下的地方，由于水压逐渐升高，压力导致海水体积收缩，即压力对海水"做功"使其升温，故水温下降速率减缓。当日照减少导致的降温与压力增大导致的升温平衡时，也就是在深度约为4700米处，水温达到最低，约为1.46℃。深度持续增大后，水温开始上升，并且深度越大，压力越强，升温速率越快。在10918米的深度处，水温为2.47℃，同时海床会起到很好的保温效果，维持了温度。

潜水器爆炸太夸张

影片中巨齿鲨袭击潜水器，导致后者爆炸，产生的热量在温跃层上冲出一条排热口，给巨齿鲨开了条"高速公路"，让其得以来到浅海。所以，整个电影的关键点就在于：潜水器爆炸使温跃层出现缺口，巨齿鲨逃了出来，才会有后面的人鲨大战。

问题又来了，潜水器真的会爆炸吗？

由于外部压力巨大，内部燃烧产生的气体压力一般不会超过外部压力，所以很难爆炸。目前载人潜水器使用的能源供应为锂电池组，是比较安全的电池，在做了穿刺试验后也不会发生爆炸，其他部件更没什么好爆炸的。

相信未来科技更加发达之后，电池会更加高效安全。就算受到鲨鱼攻击，也仅会发生部件受损、出现故障等问题，是不会爆炸的，更别说爆炸能量足以穿透100米以上的温跃层了。

巨鲨难敌压力差

我们知道，海中每深入10米会增加1个大气压，11000米的水深处压力有1100多个大气压。巨型乌贼和巨齿鲨要想真的生活在这么大压力的水中，势必要改变其庞大的体型，以免被压扁。尽管鲨鱼体内没有鱼鳔，巨齿鲨的身体结构已经适应了极大压力的环境，但它在短时间内穿越万米来到水面，依然十分活跃，也是不符合常理的。

还有，影片中，在马里亚纳海沟底部，潜水艇遭受巨齿鲨攻击的一个重要原因是潜水艇上的灯光。鲨鱼被灯光吸引进而攻击潜水艇，在后来的人鲨大战中人们也多次利用灯光引诱巨齿鲨。然而事实是，深海中漆黑无光，生物早已习惯了黑暗世界，眼睛退化，视力极弱，基本上不会因为看到灯光而攻击潜水器。

·摘自《读者》(校园版) 2019 年第 4 期·

"另类坐骑"为啥不靠谱

宋肖萌

战象、神鹿、巨狼、飞龙……在东西方的奇幻小说、电影和游戏里,动物类坐骑的种类丰富多彩。可是在真实的历史中,只有马才是最受信赖的骑乘动物,外加大象、骆驼等几种受限于特殊环境的"非主流"坐骑。为什么其他动物都没能被驯化成人类的坐骑呢?

巨型坐骑:块头太大养不起

在电影《指环王》和各种古代战争题材类游戏中,庞大的战象总是特别吸引眼球。它们的身躯巍然耸立,尖锐的象牙好似长矛,背上还驮着弓箭手、长枪兵,如同坚不可摧的移动碉堡。

这种场景不全是虚构的,大象不仅今天被人类训练用来干活、骑乘,历史上也确实有许多文明曾使用过战象。但战象的出场基本限于热带、亚热带地区，还经常变成"猪一样的队友"：战象一旦受伤受惊，很可能陷入狂乱的状态，不分敌我地乱冲乱撞，甚至直接导致己方战败。明代初年，名将沐英率军平定云南，敌军不仅人数众多，还拥有战象100余头。阵前沐英调集火铳弓弩猛射，战象纷纷受惊乱窜，践踏己方士兵，明军因此大获全胜。

在南亚、东南亚和北非，人们几千年来一直在驯养大象，为啥它们还这么容易失控？其实，人类一直没把大象真正驯化成家畜。为人效力的大象，几乎都是直接从野外捕捉来的，和野象一样狂野又敏感，不像经过长期育种的马、牛、羊那样温顺听话。

没能驯化大象的原因很简单：养不起。一头成年亚洲象每天差不多要吃200千克食物，小象要在母亲的带领下长到10多岁才能干活，养着一堆母象、小象吃白食的话太不划算了。至于成年公象，它们会在发情期发"象疯"，攻击性极强，不仅不能干活，还必须锁起来，不然一头成年公象能毁掉一个村子……对冷兵器时代的人类来说，驯化大象这样的庞然大物，难度实在太大。

那么犀牛呢？想象一下骑着犀牛冲锋确实过瘾，坐骑皮糙肉厚连盔甲都省了，锋利的犀角锐不可当，简直就是个活坦克。可是犀牛的体型也不小，大象的缺点它都有：吃得多、生长慢、难以人工繁殖，分布也局限于热带地区。还有一点，犀牛远不如大象——犀牛习惯独居，且智力不高、视力不佳，比大象更难驯服。由于这些原因，古人老早就放弃了驯化犀牛的尝试。

食草坐骑：小巧机警伤不起

既然高大威猛的动物"hold不住"，那就骑个温顺的吧！翻开古今中外的奇幻作品，《西游记》里的南极仙翁骑一头梅花鹿，《封神演义》里的姜子牙骑四不像（麋鹿），《魔兽世界》里矮人族的坐骑是山羊。这些鹿啊、羊啊的又温顺又漂亮，骑着平添一股仙气儿……

等一等，要骑也先得考虑一下小动物的承受力不是？山羊、绵羊的体重一般都不超过50千克，别说彪形大汉，恐怕一个苗条的姑娘都比它沉。再说以羊的身高，人跨上去脚就直接拖着地了，这骑不骑的还有啥区别？梅花鹿也大不到哪儿去，大公鹿肩高不到1米，体重最多100千克出头，再看看那四条细瘦的鹿腿……想骑梅花鹿的话，还是等羽化登仙、蜕去肉体凡胎再说吧！

再说著名的羊驼。"网络神兽"通常指的是小羊驼，它虽是骆驼的远亲，体型却比山羊和绵羊大不了多少，完全驮不动人。它还有个亲戚大羊驼，体型比梅花鹿稍大，人骑上去能稍微走两步。但让它驮着人跑上几公里，还是很难做到的啊！

幸好在奇幻故事里，还有矮人、霍比特人这样比人类矮小许多的种族，他们骑羊骑鹿总行了吧？或许平时代步可以，打仗应该还是不行——山羊、绵羊、梅花鹿和羊驼这样缺少防卫能力的中小型食草动物，在自然界生存全靠机警，稍有点风吹草动就准备跑路了。这种习性深深植根在它们的基因中，要是骑着这样的胆小鬼上战场，搞不好还没开打就被羊带着变逃兵了！

食肉坐骑：动物凶猛用不起

或许有些人对以上两类坐骑不屑一顾：我们要骑狂、霸、酷、炫的猛兽！你看《指环王》《魔兽世界》里的狼骑兵多威风，连中国的财神赵公明胯下也是一头黑虎，若是战场上骑虎驱豹，一定能扬我威风！其实如果以能承受人类体重为标准，能达标的食肉动物还真没几个。对食肉动物来说，个头越大就需要吃更多的食物，隐蔽埋伏、追逐猎物也就更加辛苦。生态学界有个"卡邦理论"：体重低于20千克的小型食肉兽类，通常以体型远小于自己的小动物为食；而体重超过20千克的食肉猛兽，则会捕食比自己更大、更重的食草动物，这样才能弥补每次捕猎消耗的体力。所以，今天除了杂食性的熊，就算野生的老虎、狮子也极少超过300千克重，驮人很困难。

当然，史前时代曾经有过比狮虎更强壮的剑齿虎、巨鬣狗等大型猛兽，奇幻小说的作者大笔一挥，也能虚构个几百公斤的巨狼出来。问题是这些猛兽都是无肉不欢的主儿，养起来光饲料费就没几个"土豪"能掏得起。

再说熊、虎、豹都是独居动物，狮子、鬣狗虽然群居，但碰到不熟悉的同类也往往会大打出手。要是把它们组成骑兵队，估计大军还没集结完毕，坐骑们就先打作一团了。

另外与有蹄类动物不同，食肉类动物的脊椎非常灵活，它们奔跑时整个身体就像弹簧一样不断伸缩，腰部反反复复地弓起、落下。只需回忆一下《动物世界》里猎豹奔驰的姿态，就不难想象，若是人骑在它们背上得颠成啥样，人的体重估计也会压塌它们的"小蛮腰"……

飞行坐骑：自然规律反不起

如今我们很容易就能坐上飞机长途旅行，可待在封闭的机舱里，终归没有翱翔天际的爽快感觉。于是奇幻作品就来帮大家圆梦了，什么狮鹫、大鹏、凤凰、飞龙，各路神兽各显神通，厉害人物要是没个飞行坐骑，都不好意思跟人打招呼。再把目光转回地球，对不起，想象很丰满，现实很骨感。

在自然界，鸟类是当之无愧的"空中骄子"。我们习惯把鸟类称为"小鸟"，这是因为它们要克服地心引力，身体越小巧越好。毕竟身体的密度再低也低不过空气，翅膀面积、肌肉力量的增长，总是抵消不了体重增加的负担。在现存的大约1万种鸟类中，但凡能飞起来的鸟类体重几乎都小于15千克，只有大鸨、疣鼻天鹅等少数几种鸟能略微超过这条"体重红线"。

至于体重几十千克的史前巨鸟、大型翼龙，这些大家伙已经很难像鸽子、麻雀一样拍打翅膀飞行了，而很可能要像滑翔机一样借助风力翱翔，依靠山地、海边的强劲上升气流才能起飞。既然它们把自己弄上天都这么费劲，再带个人上去估计够呛。

好吧，让我们进入奇幻世界，这里可以无视牛顿定律和达尔文的进化论，物种设定只要自圆其说就行。可就算在这里，想要驯化一种飞行坐骑恐怕也难。

飞行是高耗能的运动方式，一头几百千克重的飞龙或狮鹫，必定有无比强壮的肌肉和快速的新陈代谢，这促使它们要吃高热量的肉食，而且食量会比老虎、狮子大得多。因此它们在这个世界，一定高居食物链顶端，野外分布密度很低，平时单独或成对生活，可能好几年才繁殖一次。这个世界的人类或者精灵、兽人什么的，无论是从野外捕捉这些飞行巨兽，还是饲养和繁殖它们，想必都绝非易事。而要让强大彪悍的它们听话，估计只能靠"心灵感应"……

综合考虑一下，驯养飞行坐骑是一笔砸钱的买卖。行军战斗时的空中优势固然诱人，但和平年代如何"养兵"更是个大问题，毕竟奇幻世界里的钱粮也不是天上掉下来的呀！

·摘自《读者》（校园版）2015 年第 12 期·

苹果公司的面试题

【美】Lisa Eadicicco

作为世界顶级高科技公司，苹果公司的"招贤榜"总会吸引大批应征者，但要想真正获得这份工作，绝非易事。

与谷歌等行业大佬一样，苹果公司在招聘新人时，会基于应聘者的背景提出一些技术方面的问题，也会问一些看似简单但需要认真思考后才能作答的问题，比如：

1. 在你做过的事中，有哪些特别令你自豪？请试着给我们讲述一下。
2. 你经历过哪些失败，从中学到了什么？
3. 描述一个有趣的问题，然后说出你的解决办法。
4. 请向一个8岁的孩子解释解调器和路由器是什么，以及它们是如何工作的。

5. 你为什么来到这里?

6. 有100枚平放在桌子上的硬币,每枚硬币都有正反两面,其中10枚正面朝上,另外90枚背面朝上。你不能看、摸或以任何其他方式分辨哪一面朝上。请将这些硬币分成两堆,让每一堆中正面朝上的硬币数目相同。

7. 今后5年你有什么打算?

8. 为什么要加入苹果公司?加入苹果公司对现在的你意味着哪些损失?

9. 介绍一下你自己,有哪些事会让你感到兴奋?

10. 你怎样测试一台烤面包机?

11. 如果我们雇用你,你希望从事哪些方面的工作?

12. 有3个箱子,一个里面装着苹果,一个里面装着橘子,还有一个里面装着苹果和橘子。箱子上都贴着标签,但所有的标签都和箱子里的水果不符。只能打开其中一个箱子,不要往里面看,从中拿出一个水果。通过查看这个水果,你能立刻调整所有标签的顺序,让它们和箱子里的水果相符吗?

13. 你和经理之间有过分歧吗,是如何处理的?举一个例子说明你处理这类分歧的过程以及最终的结果,并说明当事人对你的评价。

14. 我们为什么要雇用你?

15. 你是否具有创新意识,你认为哪些事情具有创新性?

16. 描述一次震撼人心的体验。

17. 解决客户问题与创造良好的客户体验相比,哪个更重要?

18. 哪些事情让你备受打击?

19. 每天有多少孩子出生?

20. 你什么时候以顾客的身份逛过苹果商店，进店后的观感如何？

21. 你有两个鸡蛋，想知道抛下鸡蛋却不会让它摔碎的最高楼层是哪一层，你该怎么做，最佳的解决方案是什么？

·摘自《读者》（校园版）2015年第13期·

王牌特工的手枪

朱江明

近日《王牌特工》在国内热映，其经典的英式特工风格却依旧让观众大呼过瘾。然而我注意到，在影片中，神秘机构金士曼的王牌特工尽管个个身穿 Huntsman 的高端定制西服，手拿 Swaine Adeney Brigg 公文包，一身绅士行头，贵族气息浓厚，但他们的随身配枪却是一款普通至极的苏联制 TT-33 半自动手枪，尽管经过改装，但依旧难掩其廉价特性。

1930 年苏联装备了这款手枪，主要是作为基层指挥员的战斗手枪使用。TT-33 手枪的性能在当时并不算出众，弹匣只能装入 7 发子弹，而且由于设计的问题，该枪无法自然指向目标，这导致射击者必须弯曲手腕来适应这款设计蹩脚的武器。同时，由于该枪没有任何手动保险，唯一的安全装置是击锤不到位保险槽，因此没人敢携带它行军。为了安全起见，必须在每次战斗前才能上膛，这导致TT-33也不是一支适合警察或者情报人员使用的武器，因为他们更需要上膛安全、携带方便的功能。

　　王牌特工所用的手枪，其实长期以来一直是黑帮悍匪、恐怖分子最爱的武器，而且几乎是武器市场上最便宜的货色。这与金士曼特工机构高大上的气质相当不搭，那么绅士特工到底应该用什么武器呢？经典特工形象007的标准配枪是德国瓦尔特的PPK自卫手枪，尽管这款武器同样是"二战"时期德国军队的自卫手枪，然而由于造型经典且外观小巧，至今仍受人追捧。

　　当然，英国军队实际上并未装备PPK手枪，"二战"中英军特工人员的手枪为OSS微声手枪和勃朗宁大威力手枪。后者直到现在仍旧是英国军队的标准战斗手枪，该枪最先采取了单双动机构、双排供弹，几乎是现代战斗手枪的标配。相比而言，这款手枪比TT-33高级到不知道哪里去了，直到2013年英国才开始用奥地利格洛克手枪替代这款老枪。

·摘自《读者》（校园版）2015年第17期·

小影子大用途

北莫寒

影子，简直太平常不过了，只要有阳光的地方，只要物体不是透明的，都会有影子出现。你知道吗，动物和人类利用影子可以办许多事情呢！

把影子用到军事上

在第一次世界大战时，德国人制作了一种"影子地雷"。用不着碰它，只要人、马匹或者车辆从它旁边经过，影子投到地雷上，就会立即引起爆炸。英国人付出了很大的代价，才揭开了这种地雷的秘密，采用新的扫雷方法，把"影子地雷"制服了。可是过了不久，德国人又用一种新地雷让英国人吃了亏。当英国人用 X 光扫雷仪扫雷时，射线接触到地雷就会发生爆炸。原来，这种地雷里面装上了一个光电管，一遇到 X 光，会马上产生电流，引起爆炸。

光电管的原理是光电效应，让光和电产生反应，把光波变成电波。不过，这种光不是可见光，而是像红外线、紫外线和X光线等肉眼看不见的光线。光线照到光电管的阴极上，从阴极板放出的电子被吸收，因而形成光电流。人的影子遮住了光，也就起到了控制的作用。

埃及的影子浮雕

奇怪！在埃及几乎看不到塑像，尽是浮雕。有的旅客很纳闷，难道埃及人不懂得塑像艺术？使旅客吃惊而又不解的是，在阳光下，维纳斯塑像原有的那种艺术魅力消失了，变得很难看：眼窝发黑，面容憔悴。再看看埃及浮雕，线条清晰，黑白分明，处处传神。

原来这是影子的缘故。希腊离赤道较远，阳光斜射，影子又轻又淡，恰好适合立体塑像。埃及靠近赤道，阳光直射，立体塑像每一个凸出的地方，都会留下或长或短的黑影，特别是鼻子拖着的黑"尾巴"，长得盖住了嘴巴，使塑像失去了原有的艺术魅力。而浮雕在阳光的直射下，每一个凸出的地方都被影子衬托出来，显得很优美。可见，影子可以使一件艺术品富有魅力，也可以使它变得十分难看。

利用影子实现自动化生产

随着科学技术的发展，影子的作用越来越大，应用范围也越来越广。从日常生活到工业生产和交通运输，从科学研究到医疗和军事技术，许多方面都有影子在帮人们的忙。有些工厂的大门，平时总是关着的，可是，当你走近时，它就自动打开了；你一离开，它又自动关闭了。有的机床实行光电控制，自动化程度很高。原因很简单，就是装了一个光电管。

利用影子，不仅可以实现自动化生产，还可以做到安全生产，减少事故。比如在高速运转的机器旁发射一束红外光，投在光电管上，当操作工人的手伸到危险部位时，就不必担心手被轧断。因为当手一伸进危险区时，"影子"会遮住红外光，光电流立即断开，机器就像有知觉一样，会立即停止运转。

人们利用 X 光造成的"影子"，可以找到金属材料中的裂纹，消除隐患，防止断裂事故所造成的经济损失。1943 年 1 月，美国一艘刚完成试航任务留在船坞内的油轮，由于造船材料内部的裂纹作怪，在一声巨响之后，断为两截，沉没在海水中。现在，人们懂得利用 X 光造成的影子找到金属材料内部的缺陷，断裂事故就大大地减少了。

看影子逃命

事实上，影子对动物也很重要，动物也会像人类一样利用影子。

机警的鱼儿跟影子有一段有趣的故事，这要从瑞士著名的动物心理学家海基尔说起。海基尔花了长达 25 年的时间，对自然界和动物园里的多种动物的行为进行观察、研究，他发现动物非常注重自己的影子。他在观察水中鱼群的生活状态时，发现一群群小鱼在一般情况下，总是悠然自得地慢慢游着，安然地吞食着水中的微生物和小虫。但是，一旦有大鱼出现，它们便会不顾一切地快速游走。而当大鱼游向远方或沉入水底静止不动时，小鱼们便又优哉游哉地游回原来的水域。为什么小鱼对大鱼的到来这么警觉？它们到底是怎么发现大鱼行踪的呢？当时，他并未找到答案，后来，一个偶然发生的现象才让他开窍。

一天，阳光明媚，海基尔坐在湖边，一边注视着水中的鱼儿，一边思索着，突然，一阵风把他头上的草帽吹走了。他发现，就在草帽的影子从水面上移向左边的地面上的时候，鱼儿们突然四处逃窜。于是，他恍然大悟：鱼儿是看到了影子才逃跑的。后来，他又经过多次试验，终于得出了这样的结论：鱼儿们熟悉自己的身影，只要有不同于自己身影的影子在水中出现，它们便视为不祥之兆，就会赶快逃命，以此达到保护自身的目的。

有趣的是，海基尔发现具有这种能力的不只是鱼儿，许多其他动物也有这样特殊的识别能力和意识。例如：秃鹳憩息时总喜欢背朝阳光站着，公园里的斑马会全神贯注地注视着马厩墙壁上自己的影子。

影子助捕食

对于很多动物来说，影子还有虚张声势的作用，这在它们捕食的过程中非常有用。美洲鹳是一种以草原上的小动物为食的飞禽。它每次捕捉小动物之前，总会先在草丛中扑腾一番，然后张开翅膀，在阳光的照射下，在空中张牙舞爪地飞一下，投下一个大大的影子。那些小动物看到这影子，本能地四处逃窜。结果，不逃还安全，一逃却正中捕猎者的下怀。美洲鹳立即从空中俯冲而下，猎物自是反应不及，悲惨地成了它口中的食物。

影子来引路

更令人惊叹不已的是蜜獾和响蜜䴕这两种小动物。影子是它们合作的一个必不可少的路标。蜜獾喜欢吃野蜂蜜，但它只能在地上行走，找不到挂在树枝上的蜂巢；响蜜䴕爱吃蜂蜡，在空中飞，能找到蜂巢，却力不从心，因为它弱小的身躯无力摧毁坚硬的蜂巢。于是它们俩成了最佳拍档，每当饥肠辘辘时，响蜜䴕就自觉地担任起侦察兵的职责，在树林中飞来飞去寻找野蜂巢,一旦发现,立即用特殊的叫声在空中呼唤。而蜜獾一听到搭档的信号,马上出发,紧跟着响蜜鴷飞翔时投落在地上的影子,一起奔向目标。这时,响蜜鴷的影子就是最好的路标。当它们到达目标所在的大树下,蜜獾就大显身手了。它那敏捷的爬树本领和锋利的牙齿,不费吹灰之力就把蜂巢弄掉在地上。然后,它们就各取所需,美美地饱餐一顿。

·摘自《读者》(校园版)2015 年第 19 期·

探访"钢铁侠"的学校

江 意

如果你是那个英俊、风趣、聪明绝顶、富于冒险而又富有的"钢铁侠"的粉丝,一定知道他是唯一一位在现实生活中拥有原型的超级英雄吧。埃隆·马斯克,特斯拉电动车公司、SpaceX 太空公司总裁,全球知名技术领袖,也是目前世界上与最多创新玩意儿有关系的亿万富豪之一。虽然漫画《钢铁侠》与马斯克无关,但《钢铁侠》的电影剧本,却是以他为原型改编,甚至他本人还曾在电影的第二部中客串出场。

现实中的马斯克拥有同样傲人和广为人知的战绩,比如创造了易宝,开创了网上第三方安全支付系统;第一次将私人火箭送入太空;创办了最成功的电动汽车公司。然而目前他正在进行的一个计划却很少有人知道,这个计划是——用马斯克自己的话说:"生命中最重视的尝试。"——

他开办了一所学校。

不设年级

这所神秘学校的具体地址没有几个人知道，大概是在美国加利福尼亚州的某个偏僻小镇，校名源自一句拉丁文谚语"Ad Astra"，意思是"坎坷之路，终抵群星"。完美地体现了这位 IT 大佬的行事风格和对太空的渴望。

这所学校最早是马斯克为他的 5 个儿子创办的，后来一些其他 SpaceX 员工的孩子也加入进来，目前共有 14 名学生，据说它会在今年的 9 月份扩大到 20 名。实际上关于这所学校的很多消息都来自于"据说"，马斯克和 SpaceX 的员工们都对它吝于言辞。

事实上马斯克在公开场合提到它，当时主持人认为技术并不能解决所有问题，比如父亲的责任，并问他是如何教导他的 5 个孩子时，马斯克不无得意地提到了他"开办了一所学校，很小的学校"，因为他认为其他学校所做的远远不够，"他们不是在做我认为应该做的事情"。

马斯克认为，传统学校按照年级来划分结构十分不合理，对孩子的资质和能力是一种束缚。因为"每个学生的兴趣也都不一样，比如有人对语言感兴趣，有人对数学感兴趣，有人对音乐感兴趣，让教育符合他们的具体情况才更加合理"。所以，在他的学校里，所有的学生都会在一起上课，学校会根据学生的情况，在不同的学习阶段，安排相应的学习内容，而不是在一开始就设立好 6 年的学习进度。

从不缺乏创新精神的马斯克，这次的不设年级制的点子却不是他的首创，实际上他的 5 个儿子原来就读的米尔曼学校，也是一所没有传统的分年级学制的学校。这所位于洛杉矶的著名私立学校同样十分开明，它实行的是精英教育。不过,这所学校的学生入学前要通过一项IQ测试。当时和马斯克的孩子一同入学的还有微软前任CTO纳森·梅尔沃德的孩子。

授之以鱼不如授之以渔

然而一段时间后,马斯克就将孩子们接了出来,或许是因为米尔曼的教学理念还不能使他完全满意。几乎每个成功人士都是一个固执地坚持自己想法的人,而且他们还有能力和决心去马上付诸行动。马斯克顺带还"拐走"了一名与他理念一致的米尔曼学校的教师,现在负责管理"Ad Astra"的教学工作。

马斯克和他的同伴要做的是"与传统教学截然不同的教学方式",他们认为,传统学校在教授学生如何解决问题上犯了一个根本性的错误。"教学的关键是让孩子们知道该如何解决问题,或是理解问题所在,而非认识解决问题的工具。"马斯克说。比如,当需要学习引擎的工作原理时,传统的做法会先从关于螺丝刀和扳手的所有知识教起,在马斯克自己看来,还不如直接给学生们一台引擎,鼓励他们自己动手进行拆卸,这种教学方式会更加有效。

"他们第一个碰到的问题就是:应该如何拆卸引擎?所以我们需要一把螺丝刀,这就是螺丝刀的意义所在。让他们理解这一点,远比一开始就塞给他们一把螺丝刀,学习它如何工作重要。"他说,"从拆卸引擎开始,他们马上看到了重点:螺丝刀是用来做什么工作的,工具间的关联性变得很明显。"

另外,在学习的过程中,批判性的思维同样十分重要,怀疑和发现缺点有时候能取得更大的进步。至少这一点在马斯克的小儿子身上已经初见成效。2015年1月14日，马斯克曾在底特律汽车大会上透露，自己的小儿子将特斯拉一部价值不菲的汽车称作"全世界最愚蠢的汽车"，因为这个系列的电动汽车没有配备后座的读书灯。按照马斯克和他的工程团队的设想，背光装置的灯光足够了，并且这样设计可以进一步增加后座的空间。然而事实证明小马斯克的看法是正确的，这款没有后座读书灯的电动汽车与其他系列相比出货量较低。

坎坷之路，终抵群星

作为非常乐于和善于打破规则的人，马斯克和他的教学团队这次的尝试，仍然走在一条全新的道路上，他们并没有什么前人的经验可以借鉴，所以，这所被寄予厚望的学校能够走多远也没人可以预见。不过到目前为止，令人欣喜的是孩子们很喜欢它，他们觉得假期太长了，"迫不及待地要回到那儿"。

仅这一点就足够马斯克骄傲，这对从小就饱受学校"煎熬"的他或许是最大的成功了。马斯克曾经回忆称，他上学时经常遭到同学的欺凌，甚至"使得长大变成了一件充满艰辛的事情"。

就目前看，马斯克的学校有很多方面是成功的，关于这所学校的很多消息在许多父母中开始口耳相传，一些父母也希望将自己的孩子送到这所学校，美国知名作家西蒙·克莉丝汀承认："至少收到20多封读者的邮件，他们都想让自己的孩子进入那所学校，向我询问如何申请，但我不知道答案。"

甚至连遭马斯克退学和挖墙脚的米尔曼学校对"Ad Astra"也赞誉有加。就在马斯克公布关于"Ad Astra"的消息不久之前，米尔曼的发言人还盛赞马斯克是"标准的米尔曼学生家长"，并且还在学校简报刊登了一个班的学生参观 SpaceX 的消息。这位发言人还表态称:"我们对马斯克和他创办的教育事业没有敌意。作为教育机构,我们当然希望看到更多为有天赋的孩子而创办的学校,所以我们祝福他以及他的学生。"

·摘自《读者》(校园版)2015 年第 20 期·

盘点从科幻电影走入现实的技术

刘 霞

科幻电影中许多原本被认为匪夷所思的场景、技术和产品正一步步成为现实，如类人机器人、无人驾驶汽车、悬浮滑板，它们正悄然改变着我们的生活。

《银河系漫游指南》：通用翻译机

在加斯·詹宁斯执导的科幻电影《银河系漫游指南》（改编自道格拉斯·亚当斯的同名小说）中，有一条神奇的小鱼叫"巴别鱼"。它寄生在主人的耳朵里，依靠寄主周围人群的脑电波生活，它能自动将周围人群的脑电波转换成寄主的脑电波类型，于是寄主就能听懂任何一种语言了。

尽管这种鱼目前还不存在，但SIGMO或许可以替代它。SIGMO是一款小巧的口译机，内置麦克风和扩音器。它通过蓝牙与手机相连，使用时能调用"谷歌翻译"等应用程序编程接口（API）进行翻译，然后用语音合成软件合成翻译后的语音，最后通过手机网络将音频传送到手机上。

目前，这款软件能自动识别 25 种语言并进行翻译、发音，彻底解决人们无法与语言不通的人交流的问题。SIGMO 小巧便携，可以夹在衣服或腰带上，美观又实用。

《星球大战 5：帝国反击战》：用意念控制的机械义肢

《星球大战 5:帝国反击战》由厄文·克什纳执导，于 1980 年 5 月上映。影片主人公卢克·天行者与父亲达斯·维达交战时不幸失去右手，在电影中用高科技及时接上了高仿真度的义肢。

这种技术目前已经成为现实。2014 年 5 月，堪比《星球大战 5》中天行者的先进义肢手臂的智能义肢 DEKA 系统手臂，由美国食品药品监督管理局（FDA）批准投入临床使用。

这款义肢也叫"卢克手臂"，是在向《星球大战 5》致敬，由 DEKA 公司耗资 4000 万美元研制。美国国防部高级研究计划局（DARPA）于 2005 年开始资助此项目，最初是供因战争伤残的军人使用，后来也为手臂不同程度缺失的人治疗时提供技术帮助。

"卢克手臂"与人的手臂重量接近，由复杂的感应器和电动机组驱动，先采集肌肉上的肌电信号，再通过内置的微型电脑解读动作信息，随后转化为行动。这款手臂能使用钥匙开锁，也能很稳地拿起硬币、水果、纸张等小东西，和人体的契合度较高，使用舒适度也大大提升，传统的义肢与之不可同日而语。

《少数派报告》：无人驾驶汽车

2002年，由斯皮尔伯格执导、汤姆·克鲁斯领衔主演的科幻大片《少数派报告》，可谓是无人驾驶汽车技术的教科书。电影中，2054年的城市交通线上的汽车皆由电脑网络控制，乘客们只需告知汽车自己所要到达的目的地即可。此外，《我，机器人》《霹雳游侠》等电影中也有无人驾驶汽车。

目前，已有现实版的无人驾驶汽车了。2014年12月22日，谷歌公司推出了首辆全自动无人驾驶汽车样车。这款汽车没有方向盘、油门、刹车踏板和换挡装置，完全通过软件和传感器自动驾驶。谷歌公司认为，电脑比人脑犯错误的概率要小，普及无人驾驶汽车有望使交通事故彻底成为历史，也可通过减少汽车使用量来保护环境。

2015年3月22日，一辆无人驾驶的奥迪Q5多功能汽车离开美国西海岸的旧金山金门大桥，前往东海岸的纽约，全程约5600千米。这是截至目前行驶距离最长的无人驾驶汽车。如今，奥迪、丰田、奔驰及谷歌等公司都在尝试制造无人驾驶汽车。

美国内华达州、佛罗里达州和加利福尼亚州已通过立法，允许无人驾驶汽车合法上路。但专家认为，无人驾驶汽车还面临技术、法律等诸多障碍，离真正大规模上路行驶尚需时日。不过，美国电气和电子工程师协会（IEEE）曾预测，到2040年，在全球上路行驶的汽车中，有75%将会是无人驾驶汽车。

《变脸》：脸部移植

1997年，在由吴宇森执导、尼古拉斯·凯奇与约翰·特拉沃尔塔主演的电影《变脸》中，主角与反派换脸好像换面具一样简单。

那么在现实生活中到底能不能这样换脸呢？在电影上映时，脸部移植还不可能进行，如今十几年过去，情况已发生了变化。2005年，全球第一例脸部移植手术进行，病人是一位法国女士，她不幸被狗咬伤脸部，得做人脸局部移植手术。2010年3月，西班牙农民奥斯卡接受了世界上首例全脸移植手术。2013年5月，波兰首次为一名在石头切割机事故中被切掉脸的33岁男子进行全脸移植，手术耗时27个小时，移植后病人身体状况稳定。2014年，美国一名男子在接受全脸移植手术后，登上了时尚杂志。迄今，全球已进行27例脸部移植手术，其中仅4人手术失败。不过，脸部移植并不像《变脸》里拍的那样简单，为了避免移植后的脸被免疫系统排斥，接受手术的人一辈子都要服用抑制药物。

《大都会》：类人机器人

1927年由弗里茨·朗执导的无声电影《大都会》将背景设置在险恶的2026年，电影中，布里吉特·赫尔姆饰演的类人机器人由疯狂的科学家洛宏研制。

这样怪诞的类人机器人是科幻电影史上的第一座丰碑，从《银翼杀手》中的复制人（与人类具有相同智能和感觉）到《人工智能》中的机器人男孩大卫等，都以《大都会》中的形象为雏形。

其实，科学家目前已研制出不少类人机器人。2014年6月，在日本东京的科学未来馆举办了一次迄今规模最大的类人机器人展览，包括女播音员机器人、成年女性机器人和儿童机器人，它们的外貌几乎与常人无异，有的甚至能与参观者交流。它们是日本机器人专家石黑浩耗费20多年心血的结晶。未来类人机器人的发展怎样，让我们拭目以待。

《美丽心灵的永恒阳光》：记忆操控

在2004年米歇尔·冈瑞执导的电影《美丽心灵的永恒阳光》中，克莱门汀·克罗斯基（凯特·温丝莱特饰演）和约尔·巴瑞斯（金·凯瑞饰演）这对情侣，因疲于争吵而到"忘情诊所"消除了彼此关于对方的记忆。

实际上，近些年来科学界一直在研究"忘情诊所"里那种能消除记忆的技术。2011年，加拿大蒙特利尔大学人类应激研究中心的科学家发现，通过抑制糖皮质激素的分泌，可帮助患者消除痛苦的记忆。据英国媒体2013年10月报道，美国麻省理工学院的科学家表示，他们发现了一种可清除记忆的基因Tet1，若能找到提高该基因活动能力的方法，将给患"恐惧症"的人带来福音，甚至会改变人类的命运。

2014年3月，荷兰科学家宣布，他们成功采用特殊的电击疗法删除了人类大脑里的指定记忆。志愿者在进行电击治疗实验后，忘记了痛苦的过去，但美好的记忆丝毫没有受损。

英国《自然》杂志网站2014年8月27日刊登报告称，日本及美国科学家成功研制出改写记忆的方法，有望把痛苦的回忆变成甜蜜的记忆，反之亦可。这项研究的项目带头人、1987年诺贝尔生理学或医学奖得主利根川进表示，这项研究可能会为心理治疗提供基础，帮助患者挖掘美好的回忆，以消除不良的情绪。随着科技的发展，也许未来真会出现"忘忧草""忘情水"。

《霹雳五号》：全自动军事机器人

在1986年由约翰·班德汉姆执导的《霹雳五号》中，"五号"最初是一台拥有最精密激光武器的军事机器人。然而，在遭雷击后，它鬼使神差地有了人类的意识。

在现实生活中，也有很多真实的军事机器人，主要用于寻找和排除炸弹等危险任务，如印度国防研究与发展组织（DRDO）研制的"达克士兵"拆弹机器人。开发人员表示，这款机器人重380千克，采用6轮设计，能用其内置的X射线确认某个设备是不是简易爆炸装置（IED），如果是，机器人内置的喷水系统会让其失效。

《回到未来2》：悬浮滑板

在罗伯特·泽米基斯于1989年执导的电影《回到未来2》中，主角马蒂踩着悬浮滑板的场景让人印象深刻。当时很多孩子看到这个场景，都想拥有一款这样的滑板。

幸运的是，现在的小孩子或许能真正拥有它了。美国加利福尼亚州建筑师格雷戈·亨德森研制出一款名为"Hendo"的悬浮滑板。它有4个发动机释放电磁场，可使它保持悬浮状态。这款滑板虽然可以悬浮2.5厘米，但仅能悬浮于特定的金属表面上，这是它不同于《回到未来2》中的悬浮滑板之处。这款悬浮滑板是基于电磁场而运行，重18千克，内置电池可持续使用7分钟。

·摘自《读者》（校园版）2016年第2期·

为何英国频出"文学特工"

粟月静

现年 77 岁、享誉世界的英国间谍小说家弗雷德里克·福赛斯，最近在自传《局外人》中公布，自己为英国军情六处当了 20 多年的间谍。福赛斯说，1968 年，军情六处一个名叫"罗尼"的人找上了当时还是记者的他，声称需要一个人深入到尼日利亚的比亚法拉地区，当时该地正在发生内战。福赛斯到达非洲雨林的时候，军情六处就有了一个眼线。在比亚法拉，福赛斯为媒体报道当地的军事和人道主义状况，但同时向军情六处汇报"由于种种原因，不能出现在媒体上的事情"。1973 年，福赛斯被派往东德，他一个人开着敞篷车前往德累斯顿的阿尔贝提努博物馆，去博物馆厕所里接收"俄罗斯上校"送来的包裹。他准备离境时突然遭到东德警察盘查，几乎功败垂成，所幸最终化险为夷。

英国小说家和传记作家安东尼·马斯特斯在《文学特工：当间谍的小说家》一书中，用"文学特工"这个称呼来指代那些曾在英国情报机构任职的著名小说家，书中共提到了12位作家。这些文学特工中的很多人和弗雷德里克·福赛斯一样效力于军情六处，比如毛姆、格雷厄姆·格林和勒卡雷。

说到毛姆，你可能知道他说话结巴，有一只脚天生畸形，还是一位隐藏自己性取向的同性恋者，不过你可能不知道，他曾接受军情六处的委托在瑞士收集情报，并且在俄国留下了自己的印记。

作为世界著名小说家，毛姆接受了美国杂志的任命，涉足新闻业，1917年被派往莫斯科进行报道。他很快获得了亚历山大·克伦斯基的信任。沙皇被推翻后，以克伦斯基为首的临时政府上台。但是不久社会党政府面临崩溃，克伦斯基召见毛姆，请他随身携带紧急密信给英国首相劳合·乔治，请求英国帮助阻止布尔什维克接管政权。但这个请求为时太晚，英国已经回天乏术。毛姆根据这段经历创作了《英国特工》系列小说。

格雷厄姆·格林的家族产生了多位间谍：格林有一位也叫作格雷厄姆的伯父，是英国海军部的终身部长，曾是英国海军情报机构的创建者之一；格林的大哥和弟弟也从事与间谍相关的工作，格林的姐姐伊丽莎白和姐夫都在英国军情六处工作。第二次世界大战期间，经过伊丽莎白的介绍，格林于1941年加入了军情六处，并一直工作到1944年。这段经历让格林成为公认的间谍小说圣手，他的《哈瓦那特派员》是一本别具一格的间谍小说。

在20世纪50年代和60年代早期，勒卡雷在英国情报机构工作近5年，虽然在学生时代他就已经与英国情报部门有所接触，不过勒卡雷正式加入军情五处是在1958年。1960年，他转而加入军情六处。他主要关注"间谍出没"的柏林,这里也是他早期几本小说——比如说《柏林谍影》的背景地。一开始,勒卡雷在上班途中写小说,1964年,《冷战谍魂》一炮而红,勒卡雷这时才离开他自称的"外交工作",正式转行成为职业作家。

军情六处出作家,这也许与英国的绅士间谍传统有关。如果你是那些赫赫有名的间谍部门的负责人,比如说军情六处负责招聘的主管,你会选择什么样的人呢?大卫·康威尔在1983年接受英国电视台的采访时说:"首先看的是他的观察力,其次是思维的敏捷性、创造性和能言善辩的能力。"康威尔随后说,这些对于成为悬疑小说的作家来说也是非常有利的品质。康威尔就是约翰·勒卡雷的真名,他就靠着这些品质,创作了近几十年来最流行的间谍悬疑小说。

·摘自《读者》(校园版)2016年第5期·

走进奇幻的间谍王国

萨 拉

近年来,就在观众对超级英雄逐渐感到腻味之时,以2015年年初的《王牌特工:特工学院》为首,接着《女间谍》《碟中谍5》《间谍之桥》《007:大破幽灵危机》等"新兵老将"轮番登场,将2015年打造成了间谍片大年。当然,这也不全是全球恐怖主义浪潮惹的祸,身手敏捷的特工的冒险生涯以及隐藏在他们背后的神秘组织,的确能够引起我们极大的好奇心。下面我们就乘他们会聚银幕之际,来了解一下这些传奇人物与他们背后的神秘组织吧。

特工与间谍

总结一下好莱坞电影中的形象,我们就会发现,这些从情报机关里出来的神奇人物其实应该被分成两类：特工和间谍。特工本质上属于国家公职人员，有职称、制服，有显眼的身份卡，还有个像样的家庭和可爱的儿女——可别小看这一切！就说那张身份卡吧，只要他们冲别人晃一晃，就什么地方都能进，什么人都能查，什么跑车、快艇都可以征用。想必给各位留下深刻印象的，还是他们那无比拉风的装束——戴着墨镜、穿着风衣，满脸严肃地出场时，简直胜似在T台信步！

间谍可就没那么牛了，基本上属于临时工，职称、住房（间谍的住处要不就像军队的阵地指挥所，要不就像民工的住宅——反正总会被炸掉）、制服、社保统统没有。身份卡？想都不要想，间谍最先被训练的大概就是忘记自己的真实姓名了（除了007，他到哪儿都生怕别人不认识自己似地自我介绍："邦德，詹姆斯·邦德。"）。衣服更是越不起眼越好，因为他们常常要从敌人的眼皮底下溜走，即使有时候会穿得潇洒帅气地去赴宴，也很快会因为打斗和逃亡毁掉那套漂亮的行头（间谍小姐们自然除外，她们保持衣冠整洁的本领绝不在杀人和窃取情报之下）。至于家庭，即使有家有孩子，也得在某个地方被偷偷养着，彼此见了面也不能相认。

当然，他们也并不是总能被分得那么清楚，特工与间谍，有时就如同一枚硬币的两面。

情报机关

电影偏爱的特工和间谍主要出产于以下几家著名的品牌：

FBI（美国联邦调查局）

FBI可能是电影、电视里曝光率最高的情报机构了。大部分影视剧把FBI描绘成无所不能、无孔不入的传奇部门。

FBI 主要负责国内的安全，是一个执法部门。FBI 的一大特点就是管得特别宽：在每张 VCD 或 DVD 上，你都能看到 FBI 十分严厉地提醒："打击盗版，反盗维权。"还有，缉捕那些怪异凶狠的罪犯也需要 FBI 的协助——残忍而睿智的汉尼拔博士就是 FBI 的一块心病（《沉默的羔羊》），而那些国际罪犯更是 FBI 追逐的对象，例如《完美的世界》中那位带小男孩到处玩的中年男子。神秘现象也常常让 FBI 成为"追星族"，因为外星科学家喜欢地球糖豆，他们就把人家追得满天飞（《E.T.》）。当然，反恐才是他们的最爱，哪怕只是 FBI 中一个根本没真正开过枪的化学专家，都能摆平一个排的正规军。

CIA（美国中央情报局）

CIA 主要针对的是对外情报和外国人，所以，你会很容易分辨哪些影片是有关 CIA 的——那种如富豪一般周游世界、挥金如土的是也！比如《伯恩的身份》，伯恩凭着一身从 CIA 学来的本事，在失忆了之后还能到意大利、法国、瑞士等地游览，顺便谈场恋爱。

如果你在看电影的时候仔细注意一下，就会发现 CIA 的人员从来没有逮捕过谁，因为美国中央情报局是没有逮捕权的，他们在需要抓捕罪犯时，必须与其他单位合作。

NSA（美国国家安全局）

和前两者相比，NSA 不显山、不露水，描写它的影片也不多。本质上 NSA 是一个情报搜集和分析整理机构，并没有一般情报机构那么多的外勤任务，所以 NSA 也就没有创造出什么具有传奇性的故事。但有人说，在美国的情报机关中，势力最大的不是 CIA，而是 NSA：美国政府每天收到的秘密情报中，约 85% 都是由 NSA 提供的，因此 NSA 一向有世界上最大的"超级情报机构"之称。

NSA最露脸的是在《国家公敌》中。在这部影片中，NSA所表现出的职业素质给观众留下了深刻的印象：猎狗般的鼻子、鹰一样的眼睛、蝙蝠式的耳朵。NSA虽然无所不在、无所不知，却看不到人内心的真正想法。而影片中所涉及的国家机器对个人隐私的侵犯，也让人不寒而栗。

Mossad（摩萨德）

这是一个富于传奇色彩的以色列情报机关。它创造了很多神话，甚至将整架飞机和战舰从敌国轻松地偷到手。关于摩萨德的电影不多，可能因为政治原因，美国人没有把这位盟友的神奇事迹搬上银幕。倒是有一部《巴西来的男孩》，故事源于摩萨德的一段真实故事：他们千里追踪，锲而不舍地捉拿纳粹残余，把逃亡南美的臭名昭著的阿道夫·艾希曼送上了绞刑架。

MI6（英国军情六处）

MI6因为出了个007而闻名世界，其实在小说里邦德应该在军情五处工作。这两个部门一个主管海外谍报工作，另一个负责国内安全行动。007这一跳槽，出差的机会就更多，更加面向世界了。

秘密武器

从杀人于无形的致命武器到隐藏在摄影机和麦克风中的窃听器……间谍电影里的各种亦真亦幻的间谍器材，俘获了无数电影爱好者的心。

如今，科学似乎让一切梦想都成为可能，而扣人心弦的间谍电影更是对一些发明起到了促进作用，尤其在高科技的间谍器材方面。从詹姆斯·邦德到美国中央情报局特工，再到其他隐秘的政府部门，所有类型的间谍都上了一系列隐秘程度超乎想象的设备和工具，帮助他们窃听谈话，秘密拍摄录像，扫描人群中的可疑分子，获取嫌疑人的DNA，或者在危急时刻毁掉自己所掌握的数据。

身份识别

无数间谍电影中都有这样的经典镜头：特工需要证实自己的身份，即利用人体所固有的生理特征或行为特征来进行身份确认。指纹识别是生物识别的最基本形式。在电影《金刚钻》里，007假扮的钻石大盗通过戴假的乳胶指纹的办法，轻而易举地就通过了身份验证。于是，《真实的谎言》中，便出现了通过拇指指纹、声音及对视网膜进行扫描，以确认一个人身份的多种手段。

现实中要避开这些识别方法，似乎能够通过器官移植来改变一个人的身份。但"魔高一尺，道高一丈"，如今不仅有些指纹识别系统可同时测量手指上的血液流量，而且"高科技的身份证"仍在不断涌现。在电影《谍影重重》中，可以通过被植入皮肤内的一块芯片来确认身份。芯片能不断地将信号发送至体外，而人体组织则成了维持该移植芯片运转的能量源。

神奇装备

电影《王牌特工：特工学院》和007系列电影中，都有一些令人印象深刻的杀人武器：比如状如打火机的炸弹、能下毒的钢笔、氰化物香烟、爆炸公文包等。这些武器看起来很梦幻，但"二战"时期的英国特工很多都曾尝试过。《碟中谍》系列电影中也展现了许多特工所用的高科技道具，"壁虎"手套、全息3D投影幕布、能通话的眼镜和能伪装成传单的超薄超小电脑，还有伊桑·亨特和依尔莎在潜水时佩戴的既能显示时间，又能显示氧气含量的手环。

超级武器

消音器让开枪射击不再声音响亮，战斗的隐蔽性大大提高，所以，很多国家的特种部队和特工人员都会选择带上一个消音器。双管手枪也是电影中王牌特工们的标准配备，有上下两个枪管：一个用于射击距离较远的目标，另一个则用于近身肉搏。作为超级英雄，除了拥有上述这些奇怪的武器之外，恐怕最重要的一种武器还是他们坚定的信念。在孤立无援的情况下，知道自己要做什么、该做什么，能够战胜恐惧与各种诱惑，才是他们打败反派、拯救世界的最重要的条件吧。

好莱坞 PK 英伦风

英国一直是商业电影大国，自 20 世纪盛行间谍题材以来，英国出产过大批风格各异的有关间谍题材的电影。因为 007 的成就，英国间谍片始终引领世界潮流。如果用一个词来形容英国特工的与众不同，那便是：讲究。但看看美国电影中的那些特工，不管是《碟中谍》里的伊桑·亨特，《谍影重重》中的杰森·伯恩，行头大都是 T 恤而不是衬衫，是夹克、牛仔裤而不是西装，穿的是运动鞋而不是皮鞋。

在英国的间谍小说和电影中，一直存在"绅士特工"的传统。007 系列电影中，詹姆斯·邦德永远西装笔挺。《王牌特工：特工学院》几乎更像是一部讲述英国礼仪的电影，处处都流露出对美国特工形象的鄙夷。哈特每次出场都是黑框眼镜、整套合身的灰色细条纹西服、优雅的领带，手帕从上装口袋中露出一角，当然还少不了英国人在出门时必备的一把黑色的长柄雨伞。这是对英国特工文化的一种继承。哈特永远温文尔雅，时不时给年轻人埃格西上上礼仪课。这部电影与其说是在讲一个新手如何成长为特工，不如说是诠释了一个街头混混如何成长为英伦绅士。

·摘自《读者》（校园版）2016 年第 6 期·

《星球大战》里的经典武器

军迷周立

武士象征——光剑

光剑是《星球大战》中最吸引人的标志性武器之一，影片中出现了多场光剑对决的精彩画面。

对于每一个绝地武士而言，打造一把自己的光剑可以算是一种仪式，同时这也是绝地训练的一部分。在旧共和国时期，艾朗行星的冰穴经常作为绝地学徒首次制作光剑的场所，艾朗行星所处的阿德加太阳系还被用来命名绝地最常用的光剑水晶"阿德加"；类似的行星还有丹图因，在丹图因的山洞里，可以找到制造光剑所需要的品质相当高的水晶，水晶是绝地的原力在光剑中流动的载体。按照传统程序，制造一把光剑通常需要一个月左右的时间，这包括将各个配件组装到一起，确认彼此连接完美，然后通过冥想将自己的原力注入水晶。

光剑由剑柄、高能电池、光剑水晶、透镜组等部件组成。其实，光剑的剑刃并不是高能激光束，而是一团特殊的等离子体。光剑中的高能电池的强大能量，通过剑柄中的能量传输环路输送到水晶里并激发出高能等离子体，等离子束在强磁场的约束下形成明亮的剑刃，光剑在开启、关闭或挥舞时，会因为磁场而发出"嗡嗡"的声音。光剑剑刃的颜色由所使用的水晶决定。光剑的剑柄一般长20厘米~30厘米，样式可以根据使用者的要求定制。有剑就有剑招，在《星球大战》中，一共有7种光剑招式，各种招式应对不同的情况。光剑第七式"瓦帕德"对于绝地武士来说，很像一种禁招，若控制不当非常容易坠入黑暗，不过一旦控制得当，将为使用者带来无穷的力量。

行星毁灭者——"死星"

体积庞大如月球的"死星"与小巧的光剑形成了鲜明的对比。全称为"DS-1轨道战斗空间站"的"死星"，是《星球大战》中另一种标志性的武器。"死星"是银河帝国建造的非常强大的超级武器的代号。"死星"的直径达120千米，其内部空间大部分被用于布置超级涡轮激光阵列及其能源系统。"死星"中心是一个超大型超物质反应室，用于为整个"死星"供能。由123个超空间驱动场发生器连接成单一的导航矩阵，令"死星"不仅机动性出众，而且能以超光速穿梭于银河。"死星"的两个对称的半球分为24个区域，其中包括普通、指挥、军事、安全、服务和技术等分区。"死星"拥有极其强大的武装系统，其表面散布着数千个武装炮台：由1000门涡轮激光炮构成的超级激光炮阵列、2500门激光炮、2500门离子炮和

468个牵引波束发射器。"死星"上有数十万名工作人员和数十万名战斗人员,还搭载着7200艘星际战斗机、4艘防卫巡洋舰、3600艘攻击穿梭机、1400辆AT-AT战斗机甲、1400辆AT-ST战斗机甲、1860艘投送舰等。

在最高星区总督塔金的计划中,"死星"的建造是个秘密。但反抗军同盟的间谍从戒备森严的帝国保险库中偷取了机密的蓝图,并将这些宝贵的数据传送给了义军领袖莱娅·奥加纳公主。在亲眼看见"死星"摧毁和平星球"奥德兰"之后,莱娅公主和其他反抗军英雄一起,经过努力最终找出了"死星"的一个致命弱点——一个直通核心反应堆的微小排气口。最终反抗军通过周密的战略部署,用质子鱼雷命中了这个微小的目标,并摧毁了"死星"。

银河帝国铁骑——AT-AT/ST步行机

AT-AT步行机,即"全地形装甲运输步行者",是《星球大战》中银河帝国的地面主要运输工具,每辆AT-AT步行机能够搭载36名风暴步兵,并且装有能够反射能量武器的装甲,还装备有两门重型激光炮和两门高能粒子炮。在帕尔帕廷皇帝统治时期,这些高达22.5米的巨大"步行机"主宰了地面战,它们被称为"帝国步行机"。在银河内战的战场上,AT-AT步行机是帝国践踏反抗者的先锋铁骑。

"全地形侦察步行机",也被称为"AT-ST",虽然不如AT-AT步行机那么威风和霸气,但在银河内战的战场上,它是帝国军队重要的补充力量。这种双人交通工具配备轻型火力,头部下方装有激光炮,两侧装有武器舱。这种两足交通工具被许多人称为"探察步行机",是一种侦察和巡逻工具,经常在侧翼保护前进的AT-AT,清剿躲过大型步行机的步兵。银河帝国在霍斯战役和恩多战役中都曾经使用过AT-ST。

银河霸业——歼星舰

"歼星舰"一词源自《星球大战》中"Stardestroyer"这种星舰的翻译，虽然它最初只是像驱逐舰一样的中等规格的战舰，但它逐渐发展成了体型巨大且拥有毁灭星球功能的超级战舰，其发展过程贯穿于整个星球大战时期的发展历程。基于此，各种歼星舰也成为除光剑与"死星"之外"星战迷"们的最爱。

"欢呼者"级强袭登陆舰是各种歼星舰的始祖，在克隆人战争最为激烈的时期，每艘此类型歼星舰搭载1.6万名旧共和国克隆人战士。"欢呼者"级强袭登陆舰上的武器包括12门4联强力激光炮塔，24门激光副炮和4个多用途发射器。"欢呼者"级强袭登陆舰的设计是如此成功，让众多造船寡头羡慕不已，开展了造船竞赛。若干年后，"胜利"级歼星舰、"狩猎者"级歼星舰以及帝国舰队的象征——"帝王"级歼星舰相继问世。"帝王"级歼星舰无疑是帝国舰队最有力、最显著的象征，也是舰只工程科技的奇迹。"帝王"级歼星舰纵横银河数十年，象征着帝国的力量，在星球攻击、星球防御、反舰作战等方面都表现出绝佳的性能。

·摘自《读者》（校园版）2016年第7期·

那些被好莱坞毁掉的军事常识

李新会

手枪打步枪

电影：步枪、手枪混战，坏人有备而来，用 AK-47 或者其他步枪、冲锋枪围剿。好人用随身携带的手枪还击，击溃了职业枪手。

现实：大量的实战案例表明，手枪与步枪在户外对射并压制步枪射手的概率很低。"步枪的阻滞能力是手枪无法比拟的，距离超过 15 码（大约 14 米）时，步枪就占有绝对的命中率优势。"

我扫、我扫、我扫扫扫

电影：男主角端起手中的冲锋枪、突击步枪、冲锋手枪扫射、扫射、扫射、扫射……

现实：大多数冲锋枪会在两三秒内打光弹夹里的子弹，自动步枪也差不多，冲锋手枪的时间还要更短。很多突击步枪的导气系统甚至无法承受长时间的连续射击。

射穿瞄准镜

电影：敌我双方的狙击手对决，我方狙击手先敌一步，瞄准开枪。子弹精准地穿过敌方狙击步枪的瞄准镜，射入敌人的脑壳。

现实：7.62mm口径的步枪弹根本无法击穿正常的瞄准镜，最多只能穿透早期结构特别简单的小型瞄准镜。因为现代瞄准镜的结构非常复杂，瞄准镜内有多层镜片，每一片都有可能让子弹发生偏转，再加上镜内用于支撑结构的钢托，子弹想要精准地穿过几乎是不可能的。

子弹引爆炸药

电影：男主角把炸药扔到敌人的车辆（有几部电影里还是装甲车）下方，举起手枪瞄准——开枪，橘红色火球闪现，敌人灰飞烟灭。

现实：当代常用的TNT、C4炸药须使用雷管引爆剂引爆，用低威力的子弹击中完全不会引起爆炸。曾有美军士兵尝试点着C4炸药来加热食品罐头，军用炸药产生的火焰很少，能看到的往往是闪光、冲击波和烟雾。

枪打直升机

电影：男主角举起步枪，对准武装直升机驾驶室开枪，直接击毙驾驶员，直升机坠毁。

现实：武装直升机攻击地面目标时会与目标保持一定的距离，在远距离上，武装直升机可以轻松使用机载观瞄设备和航炮、火箭弹甚至导弹轻松命中目标，而射击高速飞行的直升机的难度，不亚于射击飞行中的昆虫，更何况现代武装直升机装备的都是防弹玻璃，足以抵御12.7毫米重机枪的射击，男主角手中的小口径步枪就更不在话下了。

空中格斗

电影：在激烈的战斗机空战中，敌机处于我机后方。我方的王牌飞行员沉着冷静，驾机不断左右摇晃，敌机始终无法锁定我方战机。

现实："之"字形移动的方式，在人躲避枪械瞄准时也许是有效的，但对于战斗机来说，只会减少飞机用于空中格斗所必需的机动能量。无论敌方导弹引导头锁定，还是航炮发射的弹幕，都会更容易击中。

消音器

电影：特种部队偷偷从身后接近岗哨，举起带消音器的手枪或步枪，一枪击中哨兵的后脑，然后一个箭步冲上去，扶住敌人瘫软的身体，将其轻轻地放倒在地上。不远处的其他敌人完全没有察觉。

现实：消音器不是无声器，普通战术手枪加消音器，声音常常在90分贝~130分贝。相对而言，人体倒地的声音真的没啥可担心的。

被炸飞

电影：危急时刻，男主角一颗手榴弹扔出去，顿时好几个喽啰兵被炸飞。

现实：即使整个人趴在手榴弹上，也不至于被炸飞上天，反步兵地雷也是如此。因此，手榴弹、小型炸药、枪榴弹都不太可能将车辆炸飞起来。

烧车

电影：坏人的汽车油箱破了个洞，漏下一行汽油。主人公帅气地点着Zippo打火机，扔到油上，火焰顺着油迹一路追上汽车，点着油箱，炸死车上的坏人。

现实：汽油的燃烧速度其实不快，车辆在正常行驶中，火焰是追不上的。其实地上的汽油也没有想象中那么好点着。

火箭弹向后炸

电影：敌人举起火箭筒，男主角举起枪，两人对峙。双方同时发射，火箭弹在中途被子弹击中而爆炸。某部电影里面，火箭弹爆炸后向后喷射火焰，炸死了敌人。

现实：火箭筒的发射速度远比子弹慢，精度也比较低，完全没有和枪械对决的实力。退一万步说，就算火箭弹被击中，也应该在很靠近敌人的位置，在中途相遇就说明男主角的反应太迟钝。火箭筒爆炸后，弹药会向前喷射很远，倒霉的是男主角而不是敌人。

屋里发射火箭弹

电影：随着男主角所在的车队缓缓驶过，恐怖分子从窗口慢慢伸出火箭筒，然后发射……

现实：火箭筒发射时都会向后喷射尾焰。如果在室内发射，尾焰会对射手产生很大的伤害，所以，很多国家的军队都禁止在封闭的空间中发射火箭弹。当然，电影中的恐怖分子也许是军事盲，也许屋子很空旷通风，但窗口总该喷出灰尘烟雾、玻璃也该四处飞溅才对。

·摘自《读者》（校园版）2016年第18期·

如何成为超级英雄蝙蝠侠

蝌 蚪

在电影《蝙蝠侠大战超人》中,蝙蝠侠继续帅得拉风,尽管在现实生活中想成为超人是不可能的,但要成为蝙蝠侠还是有可能的。当然,要成为蝙蝠侠,装备是很重要的。如果没有韦恩工业的高科技装备,蝙蝠侠充其量也不过是个武士罢了。那么,蝙蝠侠都有什么装备呢?

蝙蝠头盔

蝙蝠头盔作为蝙蝠侠重要的装备之一,承担着保护他脑袋的任务,同时也掩藏了他的真实身份。蝙蝠头盔是以石墨为主的复合材料,应该是碳纤维复合材料。这种材料在航天工业中被广泛应用。碳纤维复合材料是以树脂为基体、碳纤维为增强体的复合材料,兴起于20世纪60年代中期。这种材料的优点包括：①使用碳纤维复合材料的头盔的重量是金属头盔的1/3~2/5，它的密度是其他几种金属材料密度的1/5~1/2。②比强度（材料的拉伸强度与密度之比）和比模量（弹性模量与密度之比）都很高。其比强度是钢的5倍，比铝合金高4倍；比模量则是其他材料的1.3倍。③它是一种各向异性材料，在各个不同的方向上，物理性能完全不同。这就有利于设计出非常符合脑袋外形或者奇形怪状的东西（比如蝙蝠侠的两只耳朵）。设计者可通过选择合适的铺层方向和层数来满足强度、刚度和各种特殊要求，以获得满足使用要求、具有最佳性能质量比的复合材料。④碳纤维复合材料的抗疲劳性比金属材料高1倍，疲劳极限可以达到拉伸强度的70%~80%。⑤抗震和耐高温，在400℃的高温下不会变形。⑥破损安全性高。由于材料内部是一根一根的纤维，就算断了一根还有其他纤维支撑着，绝对不会直接破碎。⑦可以整体成型。蝙蝠头盔就是整体成型的产物，没有任何连接部件，一次性制造完成。但碳纤维复合材料并没有防弹功能，这是因为断裂延伸太小，单位面积的弹击吸能较低，因而需要在表面再涂一层防弹材料，如芳纶、聚乙烯纤维。目前，美、英等发达国家使用的防弹头盔都是芳纶材质。这些材料与防弹衣不同，是硬质的，而且其变形能和断裂能很高，可以吸收子弹的能量。子弹到达防弹材料时的能量以冲击波形式传播，包括纵波与横波：纵波的主要形式是压缩波，横波的主要形式是剪切波。防弹材料经过高速压缩、剪切破坏、拉伸破坏、背凸形成和回弹5个阶段，彻底阻止子弹进入材料内部。当然，蝙蝠头盔里还有夜视仪、热像仪、声呐仪、防毒面具、微型无线电接收器和对讲机。

蝙蝠盔甲

据说，新版的蝙蝠盔甲由双层加强型钛合金面板和聚酯纤维构成。钛合金是一种轻质材料，如美国产的 Ti-555 合金强度高、韧性好，且冷加工性能优异。耐油、抗氧化的钛合金材料，即使在540℃的高温下也不容易变形。但钛合金在强度高时，塑性和韧性会降低，所以还是有问题的。而蝙蝠盔甲使用的聚酯纤维一定是经过改良的。2002年年底，全球聚酯纤维的产量为2100万吨，占全部化学纤维的63%。这种材料通过化学、物理等技术手段，完全可以变得令人感觉非常舒适。蝙蝠盔甲采用多层复合材料，在抗冲击的前提下，内层材料可以吸汗，外层材料可以快速排出水分。

蝙蝠护臂手套

这种手套最大的特点是仿造壁虎的黏附力，这种力量来自壁虎爪端的多尺度微纳结构。壁虎的脚上排列着密集的刚毛，每平方毫米就有5000根长度在30微米~130微米的刚毛。每个脚趾上有数百万根刚毛。每根刚毛上还有400根~1000根直径为200纳米的分叉。如此产生的范德华力（分子吸引力，是中性分子间一种微弱的电磁引力）完全足以支撑壁虎的体重。而且湿度越大，其黏附力越强。关于脱黏，主要是利用了材料的各向异性：在指向不同方向时，刚毛的黏性完全不同。

目前，爬壁机器人的应用越来越广泛，利用的技术有很多，比如AFM刻蚀法，氧化铝模板孔洞注入成型、电感耦合等离子体刻蚀技术，阵列纳米碳管的制备、光刻技术，反应性等离子体干刻蚀法，负压吸附等。有一些壁面清洗机器人已经被投入使用。那么，蝙蝠侠想要拥有这样一副手套，大概也不是难事。但是目前还不行，因为大多数模仿刚毛的材料，其纤维都会互相黏结，使得接触面积降低，不是性能不好就是寿命太短。虽然蝙蝠侠不差钱，但在现实生活中还是无法拥有蝙蝠护臂手套。

蝙蝠靴

这是一件科技含量相对比较低的装备，除了其中的蝙蝠发信器。蝙蝠是利用超声波进行回声定位和猎食的，相互之间也会利用超声波来通讯。所以，蝙蝠发信器利用超声波聚集蝙蝠，也不是不可能。当然，目前我们的仿生学还没做到这一点。

蝙蝠披风

这种披风的主体材料应该是导电纤维。蝙蝠侠的披风可能是由金属氧化物、有机物等导电物质与高聚物复合或共混纺丝制成的。这种材料具有耐摩擦、耐氧化及耐腐蚀的能力，而且可以吸收电磁波，达到隐身的目的。它还是一种记忆纤维，记忆纤维的特性就是在一定条件下，可以恢复其原来的样子。目前，比较好的记忆纤维是把记忆合金混入纤维之中，可见，其导电性能也来自合金。现在使用比较多的是镍钛合金，还有电控纤维。电控纤维不起皱、不缩水，洗多少遍都行——这不就省钱了嘛。不过，蝙蝠侠全身都是钛合金，蛮值钱的哟。

武器

蝙蝠侠的腰带上有一大堆飞镖、爪钩枪、缆绳发射器、爆炸凝胶喷射器、电锯、激光枪、电磁枪、液压器、黏胶定时炸弹发射器等武器，其中最厉害的应是激光枪。激光枪的主要作用是让敌人僵硬，从而失去反抗能力。电磁枪是一种已经存在的武器，具有初速控制灵活、精度高、射程远等优点。它利用驱动线圈和弹丸之间的磁耦合机制工作，首先驱动线圈放电，产生脉冲强磁场；然后，弹丸感应出电流，感应电流在脉冲强磁场的作用下会产生电磁力，弹丸在电磁力的作用下加速前进。

交通工具

蝙蝠车、蝙蝠摩托、蝙蝠飞机、蝙蝠直升机、蝙蝠艇、蝙蝠水上摩托等各种交通工具，其实本质上和现在的交通工具区别不太大，最多就是安装了更多的武器，而且跑得更快、外形更拉风了。

如果想成为蝙蝠侠都需要做什么？

很简单，首先要有10亿美元，当然如果没有这么多钱也不是不能办，档次降低一些就好了：头盔和盔甲可以用塑料材质；披风可以用化纤材料裁剪，内部放置一些钢丝撑起来；交通工具不太好做，所以就当出门没开车吧；至于激光枪，就把激光笔装在玩具枪里，反正也不是真的要扶危济困。总之，能用3D打印的就打印。

其实，蝙蝠侠之所以能成为超级英雄，更多依靠的是他的智慧、勇敢，以及坚持正义的品格。

·摘自《读者》（校园版）2016年第19期·

电影技术构建新的感官世界

林 沛

看电影的终极体验莫过于完全摒弃对人体感官的刺激,进入电脑与人脑的直接交互,这正是技术创造出来的感官世界。

从 3D 到 4D:从逼真到临场的飞跃

4D 电影在 3D 电影的基础上,实现了立体的视觉观感,其在 3D 电影的基础上引入震动、风吹、水、雾等特技效果,营造出更为逼真的观影环境。在 4D 电影放映厅里,座椅不再是传统的固定式靠椅,而是由电脑程序操控、可进行预演动作的移动式座椅。

4D 电影在放映过程中,通过对座椅的调控来模拟运动、振动等场景,以增强电影情节的代入感;座椅周围还加装鼓风机等设备,以模拟运动时产生的风；影院中还装有喷头、气味散发装置来模拟下雨、烟雾和花香等。这些装置与电影画面同步，保证其在相应的场景发挥相应的功能，以增强观众的视觉、听觉、味觉、触觉等多感官相互融合的观影体验。

技术新宠：VR 实现交互体验

VR（Virtual Reality），也就是我们所说的虚拟现实技术，近两年在全球掀起了技术热潮。

VR 与在传统影院观看 3D、4D 电影不同的是，观众不需要面对银幕，只需要佩戴一副 VR 眼镜，坐在 360° 旋转的座椅上，根据自己的需求按下虚拟按钮，就可以看到提前设定好的极具真实感的场景和人物。

VR 通过电脑技术模拟了一个三维空间的虚拟世界，给观众视觉、听觉、触觉等多感官的模拟体验，让观众如同置身于虚拟空间，并能够没有限制地全方位观察空间内的事物。

除了真实的临场感以外，VR 的另一个显著特点在于它的交互式体验。在《火星救援》的 VR 体验中，观众可以扮演剧中被困火星的宇航员，根据剧情的推进完成各项生存任务，真正融入剧情中，和影片的角色互动。

感官的刺激：触及心灵和精神层面

圣丹斯电影节和翠贝卡电影节的获奖影片《失明笔记》，是一个用虚拟现实技术让体验者进入在现实中无法抵达的世界的生动案例。它以独特的视角，展示了失明给赫尔带来的现实世界的缺失，以及如何在自己声音构建的世界获得重生。《失明笔记》VR 体验用声音和视觉，为观众创造了一场奇妙的旅行。在体验过程中，观众可以随着赫尔声音的指引，进入导演设定的场景和视效，并可以通过 Gear VR 的触摸屏与环境互动，观众能真切地感受到盲人生存的世界,以及失明给他们带来的对世界的专注和敏感,进而触发其他感官功能的开拓。

·摘自《读者》(校园版)2016年第22期·

让"蒙娜丽莎"开口说话

汤明建

美国新泽西州贝尔实验室的电脑专家莉莲·施瓦茨认为,达·芬奇的名画《蒙娜丽莎》实际上是这位画家对着镜子所画的自画像——她将达·芬奇的自画像反过来和"蒙娜丽莎"相叠,发现这两幅画的眼睛、发际线轮廓、双颊和鼻子均一模一样。其实这并不是第一次有人提出这个猜想,日本音响研究所的铃木松美就说过,"蒙娜丽莎"不仅容貌与达·芬奇的自画像相似,而且用声纹技术从数量上证实,"蒙娜丽莎"的声音与达·芬奇的声音一模一样。难道,"蒙娜丽莎"能说话?

声纹鉴定的秘诀

我们知道,每个人的发音器官之间都有差异,发音和调音方法也不完全相同。声纹鉴定正是利用人的声音各有特色这一特点，将声音输入声谱仪中，把人声的机械振动变成可见的频谱图像（这种图像就叫声纹）来加以鉴别。声纹犹如指纹，各不相同，也可以说是每个人特定的"身份证"。

由录音用集成电路存储器和在各频率分析声音的计算机共同构成的声谱仪，能够分析 50 赫兹至 8000 赫兹的声音。计算机中分析声音的滤波器有两种，一种是宽带，一种是窄带，能够连续调节。显示装置可以将分析的结果显示在荧光屏上或专用记录纸上。显示的图像称为声纹，其中颜色的深浅表示了声音的强度。

通常，我们说出的话与实际所传达的信息一比，总是带有大量多余的话语。据大脑机械论专家统计，1 分钟内一个人所说的词句的完整声纹图含有近 200 万比特，或每秒约 35000 比特。而普通人大脑里处理信息的速度不超过每秒 45 比特。换句话说，我们大约只利用了词句声纹图的千分之一，就能懂得其中的含义。其余大量多余的话不仅能使我们了解交谈者，还能使我们从成千上万的其他人中辨认出他。

由于不同的人在发同一语音时，会产生具有相当差别的声纹，这种差别体现了个人特征，所以，声谱仪可以帮助我们分辨出许多人的语言。有时即使语意很模糊，甚至词不达意，我们也可以辨明。而声音的这一特征，已经被很多国家用于刑事案件的侦破。

如何让名人的声音"再生"

人的声音是气体由声带振动，并通过喉咙在口腔或鼻腔形成共振而发出的，因此，声带的形状或大小，以及从喉咙到口腔的容积，成为决定个人声音特征的主要因素。科学家们认为，若有容颜的形状或身高的数据，借助语言合成器，就有可能惟妙惟肖地模拟出历史人物的声音。

语言合成器主要由发出一个个单音的发生器、模拟人的声道的电子等效电路、模拟鼻腔及口腔的电路等三部分构成。发生器由产生辅音的白噪声发生器和产生元音的三角波发生器组成；模拟人的声道的电子等效电路制成尺寸能自由改变的喉咙模型，当输入一个人的脸的外形尺寸时，就能清晰地显示出这个人声音成分中的个人特性。

在日本科学家开发出的声音发生器 PC-6001MKII 系统中，至少要输入 12 项数据，包括颧骨的宽度、从眼睛到鼻尖每隔 1 厘米的大小，从鼻尖到下巴每隔 1 厘米的大小、嘴的宽度、从两眼间中心到嘴的距离、鼻尖到枕骨部每隔 1 厘米的大小，以及身高、年龄、性别等。如果数据不足，也可设定最相近的数值作为补充。

"蒙娜丽莎"和达·芬奇的声音都是这样合成的——科学家们通过肖像画或照片推测出最合适的数据。然而，"蒙娜丽莎"脸型的尺寸光靠这张神秘的微笑画像是不够的。所幸，在意大利米兰还保存着达·芬奇所画的"蒙娜丽莎"的侧面素描，将这两张画像测得的数据合在一起，才能做出"蒙娜丽莎"脸部的立体模型。

人们对这项研究还有很多疑问，大家更期待仪器能不断改进，好让我们听到更多历史人物的声音。

·摘自《读者》（校园版）2017 年第 12 期·

《权力的游戏》中的冰与火

赤 纬

美国 HBO 电视网制作的《权力的游戏》，无疑是故事架构最复杂的美剧之一。它改编自美国作家乔治·马丁的奇幻小说《冰与火之歌》系列，讲述了维斯特洛大陆上七大王国争夺"铁王座"的权力斗争故事。虽然它是一部史诗奇幻片，但我们可以试着从科学角度来解读一下该剧中最重要的两个元素——冰与火。

冰

冬季能持续数年吗？

在《权力的游戏》中，故事开始时的维斯特洛大陆正处于长达 7 年的夏末，随之来临的将是一个十分漫长的寒冬，这正印证了史塔克家族的预言"凛冬将至"。而在现实中,地球不可能出现这种现象,不过在天王星,季节交替却是十分漫长的,这是因为它的自转方式很特别。

天王星的自转轴可以说是"躺"在公转轨道面上的,自转轴与公转平面的夹角约为 8 度,而其他行星的自转轴都是大致垂直于公转轨道面,倾斜角度不会超过 30 度(地球的约为 23.5 度)。这使天王星的季节变化完全不同于其他行星。天王星要花 84 年的时间绕太阳一圈,这意味着每个季节都要持续 21 年。例如,天王星的一个半球在经历过只有白天、没有黑夜的 21 年的夏季后,接下来的 21 年,是有正常昼夜交替的秋季。而再接下来的则是持续 21 年的只有黑夜、没有白天的冬季,最后则是 21 年的有正常昼夜交替的春季。

但在《权力的游戏》里,漫长的夏季和冬季是有正常的昼夜交替的。此外,维斯特洛大陆的季节还是毫无规律,每个季节持续时间是不确定的。

生物能变为听从指挥的"僵尸"?

在《权力的游戏》中,异鬼是一种生活在维斯特洛大陆北部的超自然生物。它们身形高大、形容枯槁,肤色苍白,全身覆盖冰霜,眼睛比任何人类的眼睛都要湛蓝。异鬼有一种强大的本领:能复活任何已死亡的生命,并控制它们,使其变为如同僵尸一样的战士。在现实中,许多动物也具有类似异鬼的本领,能把其他的动物变为听从指挥的"僵尸"。

例如,瓢虫茧蜂的幼虫就有类似的本领。雌性瓢虫茧蜂会把卵产入瓢虫体内,不过在每只瓢虫体内只产一粒卵。茧蜂幼虫孵化出来后,会在瓢虫体内生长,只食用对瓢虫生命非关键的部位。幼虫成熟后,就会从瓢虫腹部钻出来吐丝做茧。此时,幼虫会释放某种物质来控制瓢虫,瓢虫会瘫痪下来,其六条腿会不断抖动,能赶走来犯者,这样,瓢虫就成了茧蜂的"僵尸保镖"。大约一周后,茧蜂羽化离去,瓢虫才从魔怔中醒来。科学家们研究后认为，瓢虫茧蜂的幼虫是用了某种与脊髓灰质炎病毒相近的病毒来控制瓢虫的。

另一种类似的受害者是潮虫，它可能被扁形虫控制。扁形虫会寄生在潮虫体内，为了完成它的生命周期，扁形虫必须转移到另一个宿主——棕鸟身上。于是，扁形虫会释放某种化学物质去控制潮虫。被控制的潮虫会变得更大胆，更喜欢在开放、明亮的区域活动，会更容易被棕鸟吃掉。

而一种叫作"Orphiocodyceps"的真菌还能控制蚂蚁的行为。这种真菌感染蚂蚁后，会释放出一种生物碱化合物，影响蚂蚁的大脑。被真菌控制的蚂蚁会爬向附近树叶向下的一面，并用下颚死死地咬住树叶的中央叶脉，最终自己会困死在那里。真菌之所以会这么做，是因为蚂蚁死掉的那个位置的温度和湿度最适宜该真菌的生长。

200 多米高的冰墙可能吗？

维斯特洛大陆的北端，竖立着一堵有 8000 多年历史的冰墙，叫作"绝境长城"。这堵约 480 千米长、200 米高的冰墙，是被施了古老的咒语与魔法的屏障。它保护着七大王国免遭冰墙以北的野人和异鬼的侵袭，但是在现实世界中，这堵冰墙会面临物理问题。

研究表明，即使在非常寒冷的温度下，受到一定压力的冰也会融化。绝境长城的下半部会受到来自上半部的巨大压力，使其出现融化的现象。随着时间的推移，这堵冰墙的下半部分将会变得越来越宽，上面的则随之塌下来。试着用橡皮泥做一堵墙，离开一个小时后，你就会看到类似的场景。所以说，这堵冰墙不可能在数千年内稳定存在。

要想建一堵 200 米高的冰墙，并使其形状长时间保持不变，需要把墙建成上窄下宽的形状，而不是像《权力的游戏》中的那种垂直的墙。这么建造的话，冰墙高与宽的比例估计得达到 1:20，也就是说其底部得有

4千米宽。但这种冰墙不具有防御能力，因为坡度太小了，野人或异鬼可以轻松地爬上来。

越冷的地方，生命个头越大？

绝境长城以北的地方，生活着一些3米多高的巨人。在《权力的游戏》中，一个叫作"旺旺"的巨人还来参与了著名的"私生子之战"，但最终战死沙场。在现实中，一些动物也会在寒冷的环境中长得更大。例如，北极就有当今体型最大的陆生肉食性动物，那就是北极熊。一般来说，一只成年的雄性北极熊直立起来可达2.5米，其体重可达800千克，这相当于4只雄性非洲狮。另一个大家不太熟悉的例子是海蜘蛛，在温暖地区它们通常只有几厘米长，但在南极洲附近，它们能长到半米长。

之所以会存在这种现象，是因为大个头的动物质量一般也较大，有更多的细胞，这样就能产生更多的热量来抵御严寒。除此之外，动物的个头越大，身体的表面积与体积之比就越小，这样就有助于减少身体热量的散失。

火

火可以在水上燃烧吗？

一艘艘船只悄悄地驶近准备入侵君临城（七大王国的首都）的军舰。在月光照耀下，军舰上的入侵者才发现，这些船上没有人。相反，这些船上载着很多容器，里面装满了"野火"——一种极易燃烧的绿色液体。从海岸上，一根根燃烧的箭射向这些载满野火的船，随即引发了一场巨大的爆炸，海面上很快出现了大片的绿色火焰，把入侵君临城的军舰烧得所剩无几。

这是《权力的游戏》中的"黑水河之役"的一幕。根据原著的描述，野火能在水上和水中燃烧，而且只能用大量的沙子扑灭。而在现实中，我们早就有了类似野火的燃烧武器——凝固汽油弹。

凝固汽油弹是美国哈佛大学的化学家在1942年研制的。它里面装有可燃的凝固汽油，由环烷粉、棕榈酸和汽油混合而成，能粘在建筑物的表面和人的身上。凝固汽油弹通常还含有白磷。因为白磷是高度易燃的，温度超过40℃并接触氧气后就能燃烧，所以它能大大提高凝固汽油的可燃性，使得凝固汽油能在水面上燃烧。此外，如果水中也含有一定量的气泡，那么凝固汽油弹还能在水中燃烧。

自第二次世界大战起，美军在其参与的几乎所有战争中都使用了燃烧弹。而在越南战争中，美军更是将近40万吨的凝固汽油弹"泼向"越南领土。凝固汽油弹在人体上留下的烧伤非常难治愈，因而它被一些组织看作"非人道"的武器。

人类能在火中行走而毫发无损吗？

在《权力的游戏》第一季的最后一集中，丹妮莉丝·坦格利安为她的丈夫卓戈举行火葬时，自己抱着三个龙蛋走进了烈焰之中。第二天火堆熄灭，丹妮莉丝毫发无伤，而且龙蛋还孵化出了三条小龙。从此，丹妮莉丝有了"不焚者"和"龙之母"的称号。那么，人类能在火中行走而不会被灼伤吗？

人体的正常体温在37℃左右，当处于44℃以上的环境时，皮肤就会感受到疼痛；55℃以上时，皮肤上就会产生水泡；而72℃以上时，皮肤细胞会立即被烧死。火堆里木炭的温度一般为700℃~1200℃，所以，现实中没人能像丹妮莉丝那样走进火堆而毫发无损。

哪种动物能像龙一样大？

到《权力的游戏》第七季的时候，丹妮莉丝·坦格利安的三条喷火巨龙的体型，每一条都能接近一架波音747客机的大小，翼展能达到50米。而现实中，虽然没有哪些飞行动物能比得上这些龙，但已经灭绝的风神翼龙曾以其庞大的身躯支配着地球的天空。

生活于约7000万年前的风神翼龙，是目前已知最大的飞行动物之一，其翼展最大可达13米。风神翼龙被认为可用自己的力量起飞，不过在空中飞行的大部分时间里，它可能只是在滑翔。在地面上，风神翼龙可能用四肢行走（双翼折起来当作前肢）。最近一些研究人员认为，风神翼龙的生活方式类似当今的鹳鸟，会随季节进行迁徙。

此外，《权力的游戏》中的龙可以喷吐火焰，能在一瞬间将人化为灰烬，一条龙借此就能毁灭一整座城市。在现实中，没有哪种生物可以喷火，但有几种步甲虫在遇到危险时会"放屁"，靠放热的化学反应将高温气体连带有毒的副产物喷射出来，反应瞬时温度可达100℃。

·摘自《读者》（校园版）2017年第19期·

不能等的书

肖 如

如果你遇到了一本不看就会变空白的书，你会怎么想？

阿根廷的出版商和当地的书局将经典的拉丁文学作品集结成系列套书，联手推出一套名称奇特的书："The Book that Can't Wait."（不能等的书）书如其名，其最大的特点就是不能等。这种书在印刷过程中使用了一种特殊的墨水，印好之后就用塑料袋密封包装，拆封之后，只要碰到阳光和空气，字迹就会逐渐消退。如果把书页打开后两个月不翻看，墨迹就会消失，整本书就会变成空白。

这一新奇的做法不仅引起了大量读者的兴趣，让他们纷纷前往书店购买，也让第一次出版作品的作家获得了极大的社会关注。这批书在上市后很快售罄，并且获得了商家的青睐，此后这类出版物的订单量大增，作者的社会认知度也得到了提高。

不过有人说这是一个悲伤的设计，因为你没有办法将它永久保存，甚至没有办法和朋友一起分享。但不是每件事都应该理所当然地等待，时间不等人，书本也不等人！无论是几天、几个月甚至几年，书永远都在，但是，如果人们不读第一本书，那么他永远不会去看第二本书，懂得珍惜与利用时间才是出版商想要传达的信息。此举是希望通过消失的文字让读者找回阅读的热情，培养阅读的好习惯。如果手上有一本好书，那就把握时间，赶紧把它看完吧！

可是那么厚一本书变成空白该怎么办？如果直接回收似乎有点浪费。不用担心，这一点书商早就有所打算，你可以将消失的书重新利用，当作一本笔记本或画册，当然，是厚一点的笔记本跟画册。这样一来，一书两用，既能传达深远的正面含意，又不会有环保的问题，何乐而不为呢？

·摘自《读者》（校园版）2017年第11期·

那张著名的《人类进化图》竟然是错的

张 楠

最近,网络上广泛流传的视频《科普:史上被用错最多次的〈人类进化图〉》刷新了缺乏古人类学知识的普通人的认知。那张被很多人熟知的进化图描绘了从猿到人的进化之路。然而,这段科普视频解释说,原作者只是把当时考古发现的一些"人科"的物种按年代排列了一下,图中左边这几位,压根就不是现代人的祖先!这是真的吗?

科普视频打破人类进化历程固有认知

许多人都对这张《人类进化图》印象深刻。在这张图上,画着各种半人半猿的动物的侧影,它们从黑猩猩开始,排成一队,从左到右逐渐直起身子,直到最右侧的人类完全直起身体。最右侧就是包括咱们在内的智人，所以我们总是想当然地认为这张图展示了达尔文进化论中所讲的动物一步步进化为人的过程。但来自科普团队"柴知道"的视频告诉网友，事实并不是这么一回事："比如中间这位代表尼安德特人，他们和智人有共同的祖先，而且一度共同存在于地球上，不过他们由于打不过智人和一些环境的因素，最终在4万年前灭绝了，所以，智人并不是由尼安德特人进化来的。这张图也不是在讲现代人在不同时期的祖先是谁。"接下来问题来了，这张图是怎么来的呢？视频中提到，1965年，一本叫《早期人类》(《Early Man》)的图书出版后获得了不错的销量，这本书用折叠在一起的4页纸，展示了当时科学家们通过零碎的化石发现的15个与人的进化之路相关的物种，并且标注了他们出现和持续的时间。最开始那张图，就是这张加长版折叠之后的样子。

原来人类的进化历程并不是这样！"山顶洞人、周口店北京人在教材中当了我们很多年的祖先，但现在你告诉我们事实不是如此！"《人类简史》等书的畅销显示出人类对自身过去和未来的关注，但这样颠覆"人类起源"的观点，确实刷新了人们的既有认知。"柴知道"的成员之一"一只柿子椒"说："做这个视频，也源于自己获知该观点后的震惊，原来他们并不是人类的祖先，我希望把这个知识分享给更多网友。"

"一只柿子椒"表示，团队成员大多是高校毕业生，做科普类小视频并不赚钱，但大家对此都很热衷，揣着"为人类认知进步做一点贡献"的理想走到一起，做各种冷门知识的科普小视频，"我们常常会站在普通大众能接受的角度进行审视和传播"。"一只柿子椒"表示，从策划选题到拍摄剪辑视频，团队也会尽量加入一些采访专家的内容。毕竟从网络上一些网友的反映来看，质疑和释疑都要建立在科学论据的基础上。

古人类学专家表示，这张图深深误导了"吃瓜群众"

也有网友对此持将信将疑的态度："那我们到底是怎么来的？""如果人是由猿猴进化来的，那么几万年过去了，为什么猿猴还是猿猴呢？"对此，中国科学院古脊椎动物与古人类研究所古人类学博士崔娅铭解释说："如果你并非生物专业出身，那么你对人类进化的最初和最深刻印象可能来自这张生动的图解。而且你一定看过不止一张，因为它自从诞生以来就被各种改编和恶搞，有的画着猿类好不容易站了起来，最后却又成了'程序猿'，甚至还出现了辛普森一家的搞笑版本。"崔娅铭说，很多人类学家和进化学者都对这幅画意见重重，认为这张帮助很多人认识了人类进化过程的图，却也深深误导了对生物学一知半解的"吃瓜群众"。

正如视频中所说，这幅画最初诞生于1965年，是美国自然历史画家鲁道夫·扎灵格为时代公司的"时间与生命"丛书的《早期人类》一册创作的插图。原图名为《进步的行进》。由于原图太长，简化版得以风行。"对于一个没有特殊古人类学知识的普通人来说，最左侧画的就是猿猴，画上的最右侧是我们现代人。这让我们从本能上认为，人类的进化就是从猿猴开始，经过中间一个接一个的进化阶段，最终变成了现代人。但是，进化并不是这样，像一条锁链能一环扣一环的，而是更像一棵树上的枝丫，不断地发散。"崔娅铭打比方说，"大家都知道家谱长啥样，但是现在它变成了这样：外公—爷爷—大叔—二叔—大舅—爸爸—大表哥—大堂哥—二表哥—我。"

为何黑猩猩没有变成人类

具体来说，最初，在达尔文的提示下，人们认为人类就是由现代的猿类进化而来，于是希望找到人类和猿类之间"缺失的一环"。随着越来越多的化石被发现，人和猿之间缺失的似乎并不止一环，而是很多环。于是，人们就想当然地将这些化石按照时间的先后顺序排列起来。但这样还是无法解决问题，因为其中很多生活时代很近的化石，形态却相差非常大。这样，人们渐渐意识到，人类进化比最初想象的要复杂得多，可能包含很多条不同的支系，就像一棵树，而不是一条线。

至于为何黑猩猩没有变成人类，那是因为人类根本就不是由黑猩猩进化而来的。"人类的祖先的确是一种猿类，却并不是黑猩猩或任何一种现存的灵长类动物，而是一种已经不复存在的猿类。黑猩猩也是在长期的适应性进化的过程中，适应了丛林生活，变成现在的样子的。黑猩猩进化的方向就是它现在的样子，它们根本就不需要进化成人类。进化成人类的是另外一个和黑猩猩亲缘关系密切的猿类支系。"

崔娅铭也感慨："这幅现象级的插图本来是一种艺术、文化和科学的完美碰撞，却也因为科学上的不严谨而问题多多。有时候不得不承认，让科学流行起来真的不是一件容易的事。"

·摘自《读者》（校园版）2018年第5期·

启发哈利·波特灵感的真实物品

【英】索菲亚·史密斯·盖勒

如果你痴迷于"阿瓦达魔咒"和"活点地图"这类魔幻事物,那你或许会对大英图书馆推出的展览"哈利·波特:魔幻的历史"感兴趣。这个展览展示了很多充满魔幻味道的物品,正是在它们的启发下,J·K·罗琳创造了"哈利·波特"系列小说中神奇的魔幻世界。

凤凰

在哈利·波特的世界里,频频出现独角兽、龙和半人马的形象。虽然这些神奇的动物并不是罗琳发明出来的,但这位女作家赋予了这些古老的神话生物新的生命。在哈利·波特系列小说的第二部《哈利·波特与密室》中,罗琳重新塑造了神话里的凤凰:一只像天鹅一般大小的红鸟,它有金色鸟喙和利爪，在"燃烧之日"到来之前，它看上去就像被拔去一半羽毛的火鸡。它在大火中被毁灭，又在灰烬中重生。

罗琳笔下的凤凰与其他凤凰的不同之处在于，它的羽毛可以被制成魔法师魔杖的一部分，例如哈利和伏地魔的魔杖。凤凰的眼泪能让伤口愈合，就像邓布利多教授的宠物凤凰福克斯就有此功能。第二部中哈利被蛇怪弄伤之后，便是福克斯用眼泪治疗的。虽然凤凰极难驯养成为宠物，但一旦驯养成功便一生忠于主人。当邓布利多教授被杀之后，福克斯吟唱了一首《凤凰挽歌》，令人心碎。

展览中，一本13世纪的书描述了一只从灰烬中升起的凤凰的故事，证明早在古代人们就已经对这种神鸟产生了无穷无尽的美好想象。

牛黄石

哈利在第一学年的药剂课上学到了有关牛黄这个不起眼的药物的知识。斯内普教授说："牛黄是从山羊胃里取出的一枚结石，它有很好的解毒功效。"的确，在《哈利·波特与混血王子》一书中，当哈利·波特的好朋友罗恩·韦斯莱因喝栎木催熟的蜂蜜酒中毒之后，正是牛黄救了他的命。

"牛黄"一词的波斯语 Pàdzahr，意思是"解药"。牛黄是牛羊等动物体内的结石。早在摩尔人占领西班牙期间，人们就相信它有解毒功效。它的贵重程度取决于牛黄表面的那层"金黄衣"的品质。

尼古拉·勒梅的墓碑

尼古拉·勒梅是哈利·波特系列第一部《哈利·波特与魔法石》中的伟大巫师，他因制造了长生不老的魔法石而活了665年，他的妻子佩雷纳尔则活了 668 岁，夫妇俩平静地生活在英国德文郡。直到最后魔法石被毁，他们才去世。

实际上，历史上确有尼古拉·勒梅这个人，展览中有他的墓碑。他是中世纪法国的一位炼金术师，他死后比生前更为有名，被视为"欧洲炼金术的鼻祖"，也成为罗琳笔下制造出长生不老魔法石的伟大巫师。

大英图书馆的研究人员艾里克斯·洛克神秘地告诉参观的人们说："如果在网上一直搜索下去，你会发现，很多人相信这位巫师仍然活在世上，在印度某地生活着。"

曼德拉草

哈利和他的同学们在第二学年的草药课上首次认识了曼德拉草，一种茄科植物。它的根有使昏迷的人恢复意识的功效，被用作强效恢复剂。但这些被视为具有魔力的根状植物也很危险，一旦成熟便会发出尖叫，可能致命，所以魔法学校的学生仅在曼德拉草幼苗期研究它。

古时候，曼德拉草根就在民间传说中不断出现，很重要的一点是它的根部形状看上去像人类的模样。人们经常用绳子牵着狗来拔出曼德拉草根，因为他们害怕草根会发出恐怖的叫声。正如展览中的一本植物图谱上解释的，曼德拉草具有药用价值并充满神秘色彩。

水晶球

哈利·波特从来不怎么喜欢水晶球，他在第三学年西尔比·特里劳妮老师的占卜课上接触到水晶球。在占卜课上，魔法学员们学习如何占卜未来，但哈利和罗恩所看到的只是一团团白色的旋涡。在《哈利·波特与凤凰社》中，哈利在占卜课上又失败了。

在大英图书馆的展览上，不仅有哈利·波特式的水晶球，还有一个相当离奇的水晶球实物，这个深色的小球是一位英国女巫师Smelly Nelly用过的，表演占卜时她总是浑身喷上香水，她认为这样更容易制造氛围来帮助其做出正确的预判。一位20世纪60年代的观察者说："这枚黑色小水晶球的引人之处在于它是一枚月光宝石。夜间使用时它的表面会反射月光，然后巫师注视着月亮的反光而读出其中的信息。"

·摘自《读者》（校园版）2018年第5期·

《星际穿越》背后的神奇密码

置我山窗

网络上曾有一部短片风靡一时。

最初的画面是：茂密的草丛，点点萤火纷飞，天边一轮硕大的月亮。再一转，月亮变成了三维图像，与其他的星球一起，按半径大小依次排列，从矮行星到恒星，从星系再到整个宇宙，地球只是其中的萤火一点，而人类只是附着在这个淡蓝色光点上的微尘。

宇宙的广阔深邃从未使人类望而却步。牛顿发现万有引力的契机，不仅是那个砸向他的苹果，还源自他对天体的好奇——为什么月球不会像苹果那样，掉落到地球上呢？由此，他发现在任何物体之间都具有相互的吸引力，质量不同，引力不同。

后来，有一位科学家推算出一类质量极大、密度极高的星体。它有强大的引力场,甚至连光线都不能逃逸。虽然人类无法看到,但是仍可以感受到它的引力,被后人称为"黑洞"。

再后来,广义相对论在人类非凡的大脑中"诞生",引力被视为质量引起的时空弯曲的表现,人们还推断出引力波的存在。

导演克里斯托弗·诺兰通过一部电影《星际穿越》,让引力、黑洞成为人类探索宇宙、超越自身限制的重要工具。

《星际穿越》的故事发生在不远的将来。由于地球环境恶化,人类忍受着饥饿、缺氧、沙尘暴肆虐的痛苦。他们寄希望于一个可以快速通往外太空的虫洞,试图去太阳系之外寻找宜居之地。人类派出几支考察队伍穿越虫洞,获得的反馈是有 3 个星球可能适宜人类居住。为此,一个以 NASA 前任宇航员库珀和女科学家艾米莉亚为核心的探险小组,承载着人类全部的希望出发了。在探索的路上,他们遭遇过背叛,丧失过队友,陷入过绝境,亲临过奇诡的星球环境,直面过黑洞的壮美与神秘,感受过穿越时间、空间的亲情。

电影的前 30 分钟,除了铺垫末日的环境、主角之间的家庭关系,更重要的是呈现引力的重要性。

由于地球本身有相当大的质量,会对地球周围的物体产生引力。除由于地球自转产生的微弱向心力之外,这种引力基本等同于重力。苹果砸向地球,我们能在地球上"脚踏实地"都是因为引力的存在。

如果一个物体想冲出地球,那么它只有一个选择——拥有非常快的速度,至少要达到 7.9 千米/秒以上,这被称为"第一宇宙速度"。不过它还是会环绕着地球做圆周运动,人造卫星就是如此。

如果它想脱离地球引力的束缚,那么就要加把劲,运行速度要达到 11.2 千米/秒,这个速度被称为"第二宇宙速度"。但即使摆脱了地球,它又会因为太阳的引力，环绕着太阳运动。

如果它还想脱离太阳的引力束缚，就需要继续提速，达到 16.7 千米/秒以上的"第三宇宙速度"，才能"逃离"太阳系。

但是要达到任何一种"宇宙速度"，都要耗费大量的资源和金钱。更何况在世界末日的背景下，要组织全人类大规模离开地球简直是天方夜谭。所以《星际穿越》的故事，就架构在一个超越人类现有技术水平的未来世界里。

在故事的开始，科学家因为数次发现地球上的重力失常现象，想到了通过控制引力，设计出帮助人类大规模迁徙的办法，但是其中一些关键数据没有测算出来。同时，由于太阳系中没有人类宜居的星球，以人类现有的科技水平还无法到达太阳系之外，所以一个出现在土星附近的虫洞成了人类的救命稻草，为人类带来了离开太阳系的希望。

理论上讲，由于星体的质量不同、引力不同，有可能引起时空弯曲。所以科学家在研究时空弯曲时突发奇想：就像一只蚂蚁想从苹果的一端爬到另一端，既可以选择绕着苹果的外层爬过去，也可以选择直接爬过虫子的蛀洞，穿到对面去。假如我们的时空就是苹果，如果绕着苹果的外围走，人类能到的地方非常有限，但如果有一条虫洞一样的通道，穿过去，就能快速到达对面。

在电影中，主角库珀所在的探险小组正是穿过了这样的虫洞，才避免了飞船运行速度不及 16.7 千米/秒（第三宇宙速度）的技术限制，到达了太阳系之外的陌生星系。出现在他们眼前的那个黑洞，就是电影中另一个虽然沉默，却不可忽视的主角。

由于有质量就有引力，假如有 30 颗与太阳质量相近的恒星从诞生起，就在与自身的引力进行"抗衡"，直到冷却、收缩，最终形成一个密度无限大、体积无限小的天体,那就是"黑洞",它的引力非常强。而探险小组到达的第一个星球,就是围绕黑洞轨道旋转,受黑洞强引力影响的米勒星球。

就像地球,因为天体的引力,导致海水周期性涨落而形成潮汐,米勒星球也因为黑洞的引力形成潮汐。只是它的潮汐足有千米高,让人类乘坐的那艘能够穿越虫洞、漫游宇宙的飞船,在滔天巨浪面前,变成了小小的舢板,人类不再有乘风破浪的自信,只能随着浪潮浮沉。

但是黑洞引力对于这个星球最大的影响不是潮汐,而是时间。

在广义相对论中,没有绝对的、唯一的时间,时间都是相对的。它预言:在大质量的物体附近,时间流逝得更慢。所以黑洞的强引力导致米勒星球的时间走得非常慢,一个小时相当于地球的7年。因此,当探险小组从米勒星球的巨浪中死里逃生之后,地球的时间已经过去了20多年。

那么,在黑洞中时间又是什么样的呢?在《时间简史》中,霍金举了一个例子:假设在一颗大质量的恒星坍缩成黑洞之前,有一个勇敢的宇航员降落到恒星上,每一秒都向恒星之外的飞船发出信号,人们会发现,这个每秒的信号会越来越长,直到这颗恒星缩到一个界点之后,引力场已经强大到没有任何东西可以逃逸出去,这一秒钟被无限延长,永远到不了下一秒。这个宇航员被永远留在了过去、现在、未来。

2017年10月16日,人类首次直接探测到来自双中子星合并的引力波,并同时"看到"这一壮观宇宙事件发出的电磁信号。这是继人类首次探测到引力波信号、首次探测到来自双黑洞合并的引力波信号之后,最令人振奋的收获。它为百年前爱因斯坦提出的相对论提供了证明。

就像《星际穿越》的科学指导、理论物理学家基普·索恩所言:"通过发现引力波,我们人类开启了一场波澜壮阔的新旅程——一场探索宇宙那弯曲的一面的旅程。对黑洞碰撞和引力波的观测,正是这个旅程中第一个完美的范例。"

宇宙探索的下一个完美范例,正在等待着你去探索、去发现,让我们共同努力!

·摘自《读者》(校园版)2018年第2期·

为什么动画角色总是戴着手套

译 言

《极限高飞》是迪士尼经典电影《终极傻瓜》的续集,同时也是我最喜欢的动画电影之一。

这部电影中有一个片段:

马克斯的铁哥们儿鲍比——就是那个爱吃奶酪的家伙,他说:"你有没有想过,为什么我们总是这样戴着手套?"

这是个好问题,鲍比,今天就让我们来一探究竟。

为解答这个问题,我们对纽约大学动画历史学家约翰·凯恩梅克教授进行了采访。

"为什么动画人物都戴手套?是不是有人问过这样的问题?"

对此,约翰表示:"虽然很少有人这样问,但要是有人问,我能给出很多回答。"

最基本的说法是，手套有助于节约动画制作的时间。

在动画电影刚起步时，一切都依靠手工一点一点地绘制，所以要通过某些特定技巧使过程更高效，从而完成动画风格的塑造。

比如，菲力猫本有一副非常方正的相貌，但随着它越来越受欢迎，动画师比尔·诺兰决定移除它的长鼻子，使它的整体更为圆润。这种被他们称为胶管和圆圈的动画设计，将人物的胳膊画得像意大利面条，也被应用到了米老鼠的身上。

胶管和圆圈的动画设计美学使动画师可以快速成像，不用花太多时间勾画人物身体的细节，比如说手肘和膝盖。因为画一个圆形要比画一个角快得多。于是，所有手指和指关节都顺理成章地这样画了。

在模糊的黑白电影时代，画手也给动画师带来了另一个问题：在黑白电影中，黑色的身体和手难以区分。

以米老鼠为例，在1927年的《疯狂的飞机》中，他有像菲力猫一样黑色的手和脚。

在1928年的《汽船威利》中，他穿上了鞋子。

而1929年的《奥普里之屋》中，他戴上了手套。胶管动画风格在这里充分发挥作用。每个人物都造型夸张、圆润、简单。

和米老鼠时代许多戴着手套的卡通人物一样，米老鼠是一个非人类，却做着人类做的事情。

在1968年的传记《迪斯尼版本》中，华特·迪斯尼提到了这个问题。他说："我们不希望他有老鼠爪子，因为他应该更加人性化，所以我们给他戴上了手套。"

因此，除了节省时间和提供色彩对比，手套将非人类的角色生活化，重点刻画他们的体态动作。

凡伯伦制片厂的1935个茶壶是这样，电影摄像机里的人物同样也是这样。

当匹诺曹是一个木偶时，他戴着手套。但是当他成为一个男孩时，手套就消失了，就不需要它们了。

《奥普里之屋》是一部关于米奇上演了一出大型歌舞表演的电影，这部电影和之前的许多动画电影一样，都与当时的杂耍表演和歌唱表演有着千丝万缕的关系。

事实上，早期的动画师经常在歌剧舞台上进行表演。尼古拉斯·萨蒙德在《工业的诞生》中写道："早期的动画人物，像菲力猫、宾堡和米老鼠，他们不仅像表演艺人，他们就是表演艺人。"

卡通和舞台角色都被描绘成顽皮、叛逆却又本性善良的样子，他们穿着宽松的衣服，脸上涂上色彩，并且还戴着白色的手套。

20世纪30年代，歌舞杂耍表演艺人逐渐衰退，在新一代观众眼中，白手套与歌舞杂耍表演再无任何联系。相反，这倒成为人们期待的卡通风格的一部分。

1935年上映的《乐队音乐会》里有个角色克拉贝尔牛，其中有个情节是它在吹奏长笛时，手套卡在了长笛里。假如没有手套，这个情节将很难表达。

60年后，高飞在进入游泳池前摘下了他的手套，老实说，很吓人。现在真正困扰我们的是，为什么达菲鸭和许多其他卡通鸟类不戴手套，我们可能永远不会知道了。

·摘自《读者》（校园版）2018年第12期·

"画皮"术：特效化妆异闻录

邦 邦

尖耳朵的妖怪、面目狰狞的伏地魔、恐怖骇人的丧尸……这些相貌诡异、形态异于常人的银幕角色，除了依靠先进的CG技术，还得益于精湛的化妆技术，这种夸张真实的实体特效，我们称之为"特效化妆"。男变女、瘦变胖、少变老，特效化妆术正在带来一场惟妙惟肖的魔术表演。

神奇"变脸术"

很多时候，演员和角色形象差别过大或是造型上有特殊要求时，效果神奇的特效化妆就派上了用场。不管是张涵予在《十月围城》里变脸孙中山先生，还是周迅在《画皮》中撕裂的"假脸"，特效化妆技术让演员们在银幕中实现了"改头换面"。

而特效化妆师是这场魔术的主要功臣。说"尸横遍野"是特效化妆的基本功，可一点也不夸张。几乎在很多特效化妆师的工作室里，各种断手断脚、被砍掉的头颅，一件件像展品似的被摆在陈列架上。艺术高于生活，但源于生活。在电影开拍前，化妆师们需要搜集大量的参考资料，抓住角色特征，才能根据自己的理解，设计出立体的角色。

作为角色表现力的创作者之一，特效化妆师必须对色彩敏感，知道哪些色彩能搭配出适合的妆容。其次，特效化妆师的雕塑功力要高，奇形怪状的外貌打造，没有点儿刀工还真不好意思下手。

同时，化妆师对化学材料也要有一定的了解和认识，比如各种硅胶、玻璃钢等，在每个地方使用恰当的材料，效果才能逼真。甚至还需要学习医学知识，了解皮肤的构造、人老之后皮肤的触感，甚至打肿了的脸是什么样子……

一张"假皮"走天下

特效化妆最关键的就是制作假皮了。假皮从何而来呢？先按照角色的需要，用藻酸盐做一个全身或半身，甚至某个器官的模型。等藻酸盐凝固后，再用石膏绷带做壳来支撑整个模具。有了模具之后，化妆师会在此基础上进行雕刻。如果是要做伤疤，就在模具的基础上雕刻出疤痕。

这里需要两个模具，一个是原始的阳模，一个是里面带着黏土塑形的阴模。清理出黏土后，将制作假皮的材料——发泡乳胶或硅胶倒入，等到材料凝固后，就可以获得一张假皮了。

当制作好的硅胶皮粘贴在人脸或其他部位上后，再用喷枪等进行妆容的绘制和调整。上妆不仅是简单地把假皮贴上，还需要进行一些处理，使假皮贴合演员的真皮肤。比如上色工作，特化师们会用专业的油彩颜料，将假皮处理得更加贴近真实肤色。

细节决定效果

特效化妆大致分为仿生机械、假体特效（化妆类）、微缩模型等。但不管怎样，细节的打磨都是决定妆容效果的重要因素。比如雕塑通常会涉及额头、眉肌、鼻梁、鼻头、颊肌、口轮匝肌、下颌等面部肌肉，肌肤纹理和毛发的制作也要非常细致。比如在《水形物语》里由道格·琼斯扮演的水怪，就采用了传统的建模和特效化妆。

那些虚拟角色被一个个搬到银幕上、现实中，幕后的化妆是纯手工活儿，工序复杂，需要一点一点完成。在我们看来像是魔术一般的技术，实际上考验的是化妆师的耐性和专业能力。当然，通过妆容呈现不同的形态，无疑也是艺术表现的一种。

·摘自《读者》（校园版）2018年第13期·

科技能否追上超级英雄的脚步

朱广思

电影《复仇者联盟3》上映后，引起了一股观影热潮。超级英雄一直是科幻电影的重要主题，也是很多人的梦想。那么，以我们现在的科技水平，距离复仇者联盟有多远呢？

钢铁侠：单人飞行战衣，比你想象的要复杂

钢铁侠托尼·斯塔克作为漫威英雄联盟的C位大咖和整个复仇者联盟的金主，凭借自己科技感十足的战甲开创了一系列电影的源头。他的战衣平时可以折叠放在一个箱子里，看上去十分轻便。可是如果要达到电影中的效果，战衣至少要有以下几个部分——

武器：钢铁侠的常用武器包括双肩六管迷你炮、手臂上的微型导弹、

手掌和胸部的电弧脉冲炮等。这些武器有的会造成很大的后坐力，因此需要安装弹性减震装置；有的则会产生高热，为了保护战甲中的人，就需要配备冷却装置。

通信设备：钢铁侠在战衣当中可以和贾维斯通话，控制所有联网的武器，有高精度的扫描功能。在目前的科技水平下这些是最容易实现的部分。

呼吸系统：钢铁侠的飞行高度和速度会导致呼吸困难，因此钢铁侠还需要带一个氧气罐。为了维持生命和防止氧气罐爆炸，还需要装配恒温设备。

动力装置：这是目前的科技最难实现的部分。在体积较小的情况下，钢铁侠盔甲所需的电能由其胸口的反应堆提供，可是让脚底喷出火焰的燃料到底装在哪里呢？火箭推进器一般会携带多个燃料桶，用完了就会在空中被丢掉，可是钢铁侠貌似没有这样的装置。

除此之外，对托尼·斯塔克的身体危害最大的东西，就是他每次飞行都要面对的重力加速度。钢铁侠的飞行速度赶得上导弹，与火箭的速度相仿；目前训练有素的宇航员能承受的重力加速度也就是 10g 左右，这对于钢铁侠这样的心脏病人来说简直是天方夜谭。而且那种从空中直接落在地上砸碎地面的登场方式，没有降落伞和气垫，贴身盔甲根本无法起到缓冲作用，即使外壳不碎，里面的人也早就玩完了。最重要的是，钢铁侠的战甲只有 90 千克。

至于其他功能，比如说在不损害耳朵和指甲的前提下快速自动穿戴，甚至自动飞到主人身边在空中组装，这就更让现代的工程师们无可奈何了。但漫威电影或许早就暗示了钢铁侠天生骨骼清奇，还记得第一部电影中他在实验室试飞，脸结结实实地拍在天花板上的场面吗？连一点伤都没受，真是不可思议。

绿巨人：受了辐射就能变成绿巨人吗

很多超级英雄和大反派角色都是受到辐射而发生了变异，布鲁斯·班纳就是一个典型案例。在受到伽马射线的辐射之后，他拥有了生气时能变成绿巨人的超能力，而且力量会随着愤怒的增加无上限增加，从而打败过许多神一样的对手。

在现实中，如果你受到伽马射线的辐射，最有可能的是身体受到损伤：伽马射线能够电离细胞内的物质，从而破坏细胞内的蛋白质，导致细胞死亡，在医学上经常用于杀死肿瘤细胞。

但是，想通过科技变得强壮并非不可能。人和动物体内会分泌肌肉生长抑制素，当这种物质的活性降低或丧失，便会引起动物肌肉的过度发育。目前已经有科学家通过基因技术去除了动物体内的 MSTN 基因，培育出肌肉发达的猪、牛、羊、狗、鼠甚至鱼类。以小鼠为例，剔除了该基因后，小鼠的肌肉组织重量增加了 2 倍 ~3 倍。如果把这项技术应用到人身上，或许能够帮助肌肉萎缩的患者。

是不是很耳熟？小儿麻痹症患者史蒂夫·罗杰斯变成美国队长的过程就和这个比较像，所以即使无法变成绿巨人，变成美国队长那种级别的体形还是有可能的。

美国队长：速冻人还能复活吗

美国队长的能力看似并不厉害，按照漫画里的设定，很多强壮的正常人都可以在力量上胜过他，不过他真正厉害的是学习能力，他几乎掌握了所有的格斗技能，也能熟练使用各种武器。但是他的身体还有一项远远超过普通人却又常被忽略的特长，那就是他的抗冻能力。

美国队长在冰块中被冻了几十年（早期剧情是20年），其理论依据是：人体内的酶在低温时还能保持活性，并在恢复适宜温度时重新发挥作用，因此冻死的人其内部的催化酶还没有死，只是进入一种假死状态。但是这样的假死状态只能维持很短的时间，现实中的人类不可能被冻了几十年还能在解冻后活蹦乱跳。

常见的冻死分为冻结、冷却和低温这三种情况。冻结是指生物细胞内发生冻结，或者由于细胞外冻结超过一定程度时引起的细胞死亡，而且由此所造成的伤害不能代偿。我们的大脑有七八成都是水分，结冰会撑破脑细胞。而美国队长在解冻后仍然保持着出色的学习新鲜事物的能力。

冷却是指生物被冷却到0℃左右或更冷时，由于物质代谢的紊乱和细胞质发生了物理化学变化的缘故，常在未发生冻结时就已死亡。

低温也同样能致命，对于恒温动物来说，如果将其冷却在低于正常体温的10℃~20℃时，尽管比0℃高得多，但也会因丧失正常机能而死；另外，在过度疲劳等情况下，人体会被迫加快散热；若产热低于散热，也容易造成机体无法正常供能，进而出现"疲劳冻死"的情况。所以美国队长虽然力气不够大，但他的身体素质仍然是我们常人无法企及的。

·摘自《读者》（校园版）2018年第14期·

摇滚明星的标志造型原来是因为这个

杨子虚

如果一个人在摇滚圈成为现象级明星,你可能想当然地以为这个人拥有顶尖的音乐才华。其实他们的标志性造型也为他们加分不少。但也不是每个摇滚明星的标志性装扮都是经过精心设计的,你肯定想不到,很多摇滚明星的标志造型都是不得已而为之。

Slash 的方便面头和大礼帽

枪炮与玫瑰乐队(也称"枪花乐队")的主音吉他手 Slash 是许多人心目中的"吉他之神",而他的造型也差不多 30 年没有变过了。任何时候只要你看到舞台上那个穿着黑色皮裤、留着方便面长鬈发、戴着大礼帽和太阳镜的家伙,你就知道接下来你的耳膜要接受一番来自电吉他的

"爱抚"了。

然而，Slash 的经典造型让你根本看不到他的脸，在枪花乐队成立的最初3年里，很多歌迷甚至都不认识台下的 Slash。

一些听众则调侃 Slash 并不是一个真实存在的人，而是一种因为机缘巧合而获得人类意识的玩具。

然而真相是这样的：虽然 Slash 的成长环境里有很多知名的人物（比如他妈妈是一名优秀的服装设计师），但他竟然有点舞台恐惧症，羞于让台下的观众看到，所以就想到了用方便面鬈发这种道具来帮助自己战胜怯场。

大卫·鲍威迷人的瞳色

说到大卫·鲍威，我们就不能不说他百变的造型，今天是华丽摇滚客，明天又穿上西服、系上领带，有时候他还会变成 Ziggy Stardust——一个他创造出来的虚拟角色。

然而不管大卫·鲍威的造型如何改变，有一个特点是不变的，那就是他的两只眼睛如阴阳眼一般迥异的瞳色。

很多人可能会想当然地以为这是因为"瞳孔异色症"——罹患这种病症的人眼睛会呈现两种不同的颜色。

然而真相是这样的：高中时候的大卫·鲍威跟自己的朋友乔治·安得伍德同时爱上了一个姑娘，大卫·鲍威在中间使了坏，意识到自己被耍的乔治马上跑去跟大卫·鲍威对质，没想到后者正在四处吹嘘自己略施小计就骗走了乔治的女朋友。

乔治当时也没含糊，一拳就把大卫·鲍威给打倒了，那是连拳王阿里也会击掌叫好的一拳。然后大卫·鲍威的左眼就留下了永久性的损伤。

当然最后两个人还是冰释前嫌了，而大卫·鲍威也意外获得了自己的一个独特招牌，正所谓"塞翁失马，焉知非福"。乔治后来还帮大卫·鲍威设计了很多标志性的专辑封面。

查克·贝里的"鸭步"

查克·贝里不仅仅是"摇滚乐之父"，同时还是一种独特的"鸭步"舞步创始人：把吉他挎低，屁股下坐，膝盖弯曲并拢。后来，"鸭步"成了一种摇滚吉他手的必备技能。如果你不能一边迈鸭步前进一边弹奏Solo，似乎就没有真正把吉他Solo弹对。

然而真相是这样的："鸭步"其实是查克·贝里在很小的时候，试图把成年人逗笑的一个搞怪动作，显然他从来没有想过在出名以后还要在人群面前表演这么滑稽的动作。

查克·贝里在其职业生涯的早期，有一次在纽约演出时，西装前面的部分完全是褶皱的。于是查克·贝里就像童年时做的那样，用吉他挡住自己西服前面有褶皱的地方。没想到台下的观众一下子被这个独特的运作给吸引住了，查克·贝里也就误打误撞地创造出了"鸭步"这一摇滚史上独具特色的舞台风格。

波诺永远戴着的太阳镜

你有没有发现，U2乐队的主唱波诺永远戴着太阳镜，就像《X战警》里面那个眼睛会放光的老兄？

然而真相是这样的：波诺不得不一直戴着太阳镜，因为他已经跟青光眼斗争了20年。

青光眼给人们带来的不便之一，就是眼睛对光线极其敏感。在舞台上要面对刺眼的灯光，在台下还要应付狗仔队的闪光灯，波诺一直戴着太阳镜也完全合情合理。或许在这样高危的环境中，波诺的医生没有让他戴上海盗的黑眼罩就已经很不错了。

·摘自《读者》(校园版)2018年第14期·

"霍比特人"真的存在吗

蔡 沁　邱幼华

"伊布戈戈"的传说

在印度尼西亚的小巽他群岛，各个部落里都流传着"伊布戈戈"的传说。在当地居民的描述里，"伊布戈戈"是一群非常矮小、身披长发、无恶不作的老妖婆。她们面目狰狞，说着大家都听不懂的语言，经常从村民家中偷东西吃，甚至还会诱拐部落里的幼儿。而"伊布戈戈"在印尼土著语中的意思正是"偷东西吃的老太婆"。

2003年，在小巽他群岛的一座小岛弗洛勒斯岛上，一支由澳大利亚科学家和印尼科学家联合组成的科考队在梁布亚洞穴里发现了一具疑似人类遗骸的化石。从骨骼上看，这是一个30岁左右的妇女，她身体粗壮，身高只有1米左右。印尼科学家看到这具奇特的遗骸，不禁惊呼："这不就是'伊布戈戈'嘛！"

岛屿小矮人

这具遗骸当然不是传说中的妖怪。经过科学家鉴定，这是一种生活在距今9.5万到1.2万年前的原始人弗洛勒斯人。他们和现代人长得截然不同。

他们个子极矮，最高也只有1.09米，体重只有25千克左右，比今天生活在非洲中部、体形最小的俾格米人还要袖珍。因此，科学家非常形象地用"霍比特人"来形容弗洛勒斯人。

弗洛勒斯人的头颅小而圆，脑容量只有350毫升左右，差不多一个橘子大小，比我们现代人的脑容量小很多。要知道，我们现代人的脑容量有1500毫升。此外，他们的双臂细长，双腿粗短，还有一双又大又宽的脚。这双大脚可以帮助他们在泥泞的沼泽地中行走，但大大限制了他们的行动速度。因此科学家推测，弗洛勒斯人可能步伐笨拙，不善于奔跑，但灵活的双手弥补了双足的缺憾。从化石遗迹来看，弗洛勒斯人能打制粗糙的石器，并且掌握了生火的技巧，还会组织群体捕猎活动。

神奇的岛屿效应

弗洛勒斯人是从何处来的？一些科学家认为，弗洛勒斯人是由一支从爪哇岛迁徙来的直立人进化而来的。

亚欧大陆的直立人普遍身材高大，弗洛勒斯人的体形为什么会这么矮小呢？科学家认为这是典型的岛屿效应。

岛屿效应又称福斯特法则，是英国科学家约翰·福斯特于1964年提出的理论。福斯特教授在考察了116个岛屿上的物种后,发现了一个规律:凡是居住在大陆上的大型动物来到海岛上生活后,体形往往会缩小。这是因为海岛上的空间资源很有限,大型动物在这样的环境下不容易生存下来,所以不得不通过缩小体型来适应环境。

这个假设也通过岛上其他物种的化石得到了验证。在发现弗洛勒斯人的地方附近,科学家还发现了一种迷你象——弗洛勒斯剑齿象。它的身高只有约1.5米,体重也仅为800千克左右。而生活在同一时代的它的表亲——师氏剑齿象,长达8米,高约4米,体重则达到12吨。

强大的掠食者:巨蜥与巨鸟

尽管弗洛勒斯人和弗洛勒斯剑齿象的体形都比大陆上的近亲小,但岛上生活着强大的掠食者,弗洛勒斯人要时刻保持警惕,以防自己变成猎物。

在掠食者中,有大名鼎鼎的科摩多巨蜥。科摩多巨蜥又名科摩多龙,体长可达3米,是现存最大的蜥蜴。作为当之无愧的活化石,至今在印尼的几座岛屿上还能看到它们的身影。它们性情凶猛,会用利爪和尖牙撕咬猎物,是岛上毋庸置疑的霸主。更可怕的是,它们的口腔里还有毒腺,能够分泌毒液来杀死猎物。

除了要面对来自地面上的威胁,弗洛勒斯人还要提防来自天空的袭击。一种名为强壮秃鹳的巨鸟占据着弗洛勒斯岛的上空,它们站立时可达1.8米高,比弗洛勒斯人高了不少。强壮秃鹳长着又长又坚硬的角质喙,能够轻易地戳穿弗洛勒斯人的胸膛。

无论是科摩多巨蜥还是强壮秃鹳,都是有食必抢的机会主义者。每当弗洛勒斯人捕到猎物时,血腥味总能引来附近的肉食动物。因此,个矮力薄的弗洛勒斯人不得不举起武器，对抗前来抢夺食物的掠食者。

与智人的斗争

在小岛上繁衍了几万年的弗洛勒斯人却在 1.2 万年前突然消失。是什么原因导致了这些小矮人的灭绝？矛头似乎指向了我们数万年前的祖先——史前智人的入侵。

大约 5 万年前，内陆上的智人乘竹筏、木舟进入东南亚诸岛，其中就有一小部分在弗洛勒斯岛安营扎寨。智人的到来，让岛上本来就匮乏的资源变得更为稀缺，弗洛勒斯人不得不与其直接竞争。两个本是近亲的人种，关系渐趋恶化。尽管同属人科人属，但在体形与智力方面，智人具有压倒性的优势。

在斗争中，智人占领了弗洛勒斯人的猎场，大肆捕杀岛上的猎物，还残忍地屠杀弗洛勒斯人。在食物短缺和外族入侵的双重打击下，弗洛勒斯人在生活了几万年的岛屿上灭绝了。而毫无节制的捕猎，也让弗洛勒斯剑齿象和强壮秃鹳在智人的手中消失，只有科摩多巨蜥存活至今。或许，巨蜥肉很难吃，智人都不愿意捕猎它们，而且巨蜥属于爬行动物，代谢能力远低于哺乳动物，只需少量食物就能满足生存需要，所以它们更容易存活下来。

"霍比特人"的后裔

尽管弗洛勒斯人已经灭绝，但关于这种奇特小矮人的传说一直流传到今天。"伊布戈戈"或许就是当年智人的原始语言中对弗洛勒斯人的称呼。

在今天的弗洛勒斯岛上，还生活着一个平均身高只有 1.5 米的小个子民族——朗姆帕萨萨人,他们的身上或许有着弗洛勒斯人的基因。只可惜已发现的弗洛勒斯人遗骸过于残破,很难从中提取到完整的遗传信息,无法与朗姆帕萨萨人进行对比。

有传闻说,在18世纪荷兰殖民者登陆印尼时,最后一位"伊布戈戈"曾因为诱拐幼儿被众人抓捕,并最终被杀死在洞穴里。但时至今日,仍有部分人声称自己在印尼丛林中看到过古怪的小矮人。

弗洛勒斯人还存活在今天的地球上吗?答案或许只有在弗洛勒斯岛的深山老林中才能找到。

·摘自《读者》(校园版)2018年第6期·

超级英雄科研报告

瘦　驼

绿巨人变大为何裤衩不会破

关于绿巨人，大家最好奇的一点莫过于他撕不烂的紫色内裤。而这条内裤，恰恰是绿巨人身上最科学的一部分。因为，它也存在于我们的衣柜里。它的成分，就是氨纶纤维，你对它熟悉的称呼是"莱卡面料"。莱卡的最大特点就是出众的弹性，它可以被拉伸到原来的6倍，之后还能恢复原样，这种弹性超过了包括乳胶在内的很多天然纤维，而且它的回弹力比橡胶小得多，所以贴身但不紧绷。

绿巨人其实并没有挑战莱卡面料的极限，根据故事描述，变身前的班纳博士是一个1.7米左右的男性，个头差不多是东方各国成年男性的平均身高。变成绿巨人之后,他的身高有5.5米,只不过是原来的3倍多。莱卡表示:有本事你再大一倍!

蜘蛛侠为什么用手吐丝

幸亏彼得·帕克被蜘蛛咬了之后没有变得像真正的蜘蛛一样,用腹部末端的纺织器喷丝,否则,他的紧身衣还得是开裆的。

从故事设定看,蜘蛛侠的蜘蛛丝确实不错,一根1毫米粗的蛛丝就能承受大概300千克的重物。问题是现实中没有1毫米粗的蛛丝,实际上它只有几十分之一毫米粗。取代方式就是真的创造一个"蜘蛛侠",把蜘蛛用来制造蛛丝蛋白的基因写到其他的生物体内。这种真实的蜘蛛侠并不是人,而是山羊。2012年,美国犹他州州立大学的科学家成功用基因编辑的技术制造出了蜘蛛山羊。放心,这些山羊并不会用羊角或者鼻孔什么的喷射蛛丝,真正的蛛丝在羊奶里——通过收集羊奶中的蛛丝蛋白再稍作加工,人造蛛丝就制成了。

《蜘蛛侠》电影里,帕克已经开始使用手腕上的蛛丝喷射器了,这显然更加合理。电影中的喷射器像一块手表,不得不说这个手表还真能装。假设蜘蛛侠喷出的蛛丝有1毫米粗(电影里可绝对不止这个数),每次喷射距离20米,一次行动需要50次的量。那这些蛛丝的体积就有3升多,相当于在手腕上绑了6瓶可乐。

美国队长盾牌的秘密

根据漫威的设定,美国队长的盾牌是用一种鲜为人知的元素"振金"制作的。它是一种金属元素,硬度极大,能够吸收巨大的能量。吸收能量这点,是大有来头的。至少在我们所处的宇宙中,能量还是要遵守热力学第一定律的，也就是，能量不会平白无故地来，也不会平白无故地消失，它只会改变形式。

大家经常可以看到美国队长用他的盾牌稳稳接住各种招法，从高速的子弹到雷神重锤的碾压。那些巨大的动能哪儿去了？一般来说，转变成热量或者声音了。在常见的能量形式里，电力是最容易隐匿无形的。如果美国队长的盾牌兼有压电效应和超级电容效果，这个问题就迎刃而解了。所谓的压电效应，就是某些材料可以形成机械能和电能互相转换的现象。如今压电效应最广泛的应用是一次性打火机，一压，咔嗒，一道小小的电火花就放了出来。美国队长的盾受到的打击肯定比按压打火机厉害多了，所以也可以产生巨大的电能。

然而，储存电能是最让人头疼的。用电池吧，电池的充放电速度太慢，很难消化快速产生的电能，这时候，超级电容就派上用场了。相比电池，电容的结构简单，比较适合做成盾形，现实世界中的超级电容已经是未来电磁炮的储能选择了。

美国队长的盾是压电超级电容，这就解释了这位哥们儿为什么都要先被虐一顿才能大爆发——他的盾得先被"胖揍"才能充满电。这还能解释为什么有时候盾也会失效，特别是碰到"大 Boss"的时候——电用光了。

雷神之锤的工作原理

比起需要挨揍才能储能的美队，"神二代"索尔自然不需要这么狼狈。大锤一举，闪电就来了。闪电是声光电效果，背后的实质是操控天气的能力。只要改变大气的温度，空气就会流动起来，摩擦生电，闪电就产生了。金属锤子高高举起，给地面和云间电荷的转移提供了一个绝佳的最短路径。闪电看起来吓人，能量其实并不大，一次普通的闪电携带的能量大概是50亿焦耳，可惜焦耳是个不常用的单位，换成大家更熟悉的单位，只相当于1400千瓦时电，够一个节省的城市三口之家用大半年。如果把全球每年劈到地面的闪电能量收集起来，可供人类使用9天。在超级英雄的世界里，这点真算不了什么。相比之下，一次超强台风携带的能量就足够人类使用上200年。

不过好在闪电速度快，这些能量在万分之一秒内释放出来，局部杀伤力还是很可观的。

万磁王的磁力从何而来

万磁王只有一个，但其实在生活中我们每个人都有机会见识万磁王的威力。只需要千把块钱，去医院约一个磁共振检查，躺在机器里，听到的"咔咔"的声音，就是万磁王了。没感觉？那是医护人员工作认真，让你进屋之前掏出了所有的金属物品。否则，这边一开机，那些剪刀、钥匙、氧气瓶、小推车之类的，都会像炮弹一样吸到机器上，如果狼叔正好在里面，那万磁王就对不起你了。

一般的医用磁共振仪能产生一两个特斯拉的磁场，相当于地球磁场强度的约10万倍。如果你觉得这还不够过瘾，可以去美国洛斯·阿拉莫斯国家实验室感受一下地球上的最强磁场。那里有一台地球上最强大的磁体装置，可以产生100特斯拉的超强磁场。这么强的磁场只能持续15毫秒，时间再长点的话，不但周边的设施受不了，电费也受不了。因为它开机的时候功率高达14亿瓦，相当于100万台微波炉同时工作。

不知道万磁王退休之后要不要去医院或者科研机构再就业呢？

·摘自《读者》（校园版）2018年第3期·

唯快不破

李开周

"无坚不破,唯快不破!"

在周星驰的电影《功夫》当中,邪派第一高手火云邪神用手指夹住一颗射向他脑门的子弹,然后说出这么一句经典台词。

这句台词的意思是,无论多么厉害的硬功都有罩门,唯有速度没有罩门——你刚瞧见他的破绽,正要对准破绽一击致命,他的防守已经到了,原有的破绽突然不是破绽了。就像金庸先生在《笑傲江湖》中描写的辟邪剑法一样。剑招本身并没什么特异,只是出手实在太过突兀,事先毫无半分征兆,这一招不论向谁攻出,就算是绝顶高手,只怕也难以招架。

但是不管出手有多快,总会有一个速度极限。

在情景喜剧《武林外传》中,"盗圣"白展堂出手就很快,用他自己的话讲，达到了"指如疾风，势如闪电"的境界。疾风是很快的，地球上最快的风速是龙卷风中心附近的风速，最快 300 米 / 秒。闪电更快，经美国能源部测算，闪电的平均速度是 14 万千米 / 秒，将近光速的一半。

我们人类的出手速度能达到光速的一半吗？当然不能。物理学上有一个宇宙第三速度：当某个物体的速度大于或者等于 16.7 千米每秒时，这个物体将挣脱太阳引力的束缚，飞出太阳系。假如一个武林高手的出拳速度能达到 16.7 千米 / 秒，由于不可思议的速度和可怕的惯性，他的拳头将在瞬间被拽断骨骼和肌腱，随后脱离身体，飞出地球，飞出太阳系，一直飞到浩瀚无际的太空中去。当然，考虑到地球表面有厚厚的大气层存在，拳头飞出时将与空气摩擦生热，没等飞出地球，就会燃烧殆尽。所以"势如闪电"仅仅是一个夸张的说法。

那么"指如疾风"能否做到呢？如果出手速度与 300 米 / 秒的最快风速齐平，又会发生什么物理现象呢？

首先是空气阻力的问题。300 米 / 秒基本上接近声音在空气中的传播速度（340 米 / 秒），在物理学上被称为"亚音速"。此时拳头将明显感觉到空气对它的阻力，该阻力与风阻系数、拳头的运动速度和迎风面积的平方成正比。经过计算得知，当一个成年男子的拳头相对空气做 300 米 / 秒的运动时，受到的空气阻力大约是 80 牛顿，这相当于一小桶水的重量。

对于武林高手而言，每次出拳都要克服这么大的阻力并不困难，困难的是要如何解决摩擦生热的问题。假如每次出拳的平均速度都在 300 米 / 秒上下，并且在几分钟内以高频率连续出拳的话，空气分子与手掌表面分子剧烈碰撞，使内能增大、温度升高，手的表面温度将很快达到几百摄氏度。如果没有练过火焰掌之类的神奇功夫，手会被严重烫伤，用不着对手还击，自己就把自己打败了。

如果一个高手的手掌可以忍受高温，这样快速出拳还是很有好处的：第一，无坚不破，唯快不破，如此神速的出击就像发射出一颗颗子弹，绝对让敌人防不胜防；第二，快速运动的拳头和手臂可以带动周围的空气快速流动，在身体四周形成强大的旋风，可以将质量较小的暗器挡在外面。所以当武林高手面对天女散花般的暗器偷袭时，常常不管暗器的来路，自顾自地出掌，用掌风将自己罩在其中，针扎不透，水泼不进，从四面八方射来的暗器便纷纷被弹落在地。《天龙八部》第四十二回，慕容复看不清段誉六脉神剑的来路，只好"使出慕容氏家传剑法，招招连绵不绝，犹似行云流水，瞬息之间，全身便如罩在一道光幕之中"。这样一来，段誉的无形剑气就被他的快剑挡在外面了。究其原理，也是因为快剑激起了旋风，旋风隔绝了剑气。

六脉神剑号称天下第一，无人能敌。慕容复却可以通过速度极快的快剑抵挡一阵，看来火云邪神"无坚不破，唯快不破"的说法还真不是空穴来风啊！

·摘自《读者》（校园版）2018 年第 19 期·

假如你成了星际战士

方 锐

让我们来畅想一下：假如你是一名星际战士，那么你需要拥有哪些酷炫的高科技装备，才能笑傲外太空呢？

第一件神器：北斗卫星导航系统

中国北斗卫星导航系统是中国自主研制的全球卫星导航系统，它的出现使我们不必再依赖其他国家的卫星。当你进入不熟悉的区域，可以使用搭载了北斗卫星导航接收系统的设备找到准确的路线，"路盲症患者"从此有救了。

除此之外，北斗卫星导航系统还可以预测地壳运动和气象变化，无论发生地震还是洪灾，它都可以让你及时了解灾情并迅速到达救援地点，有效缩短搜救时间,提高抢险救灾时效,大幅度地减少生命财产的损失。

第二件神器:无敌风洞"吹"来飞行器

作为未来战士,驾驶飞行器是必备技能,可飞行器从哪儿来?飞行器在研制过程中需要用模型来做试验。可是模型不能实飞,怎么办?根据作用力与反作用力的原理,飞机飞行时空气不动、飞机动。同理可知,模型不动、空气动,效果是一样的。风是空气流动产生的,那么就需要一台风扇对准飞行器吹,而且必须把风牢牢控制在一条巨大的管道内,达到"指哪儿吹哪儿"的效果。JF12激波风洞是中国首个具有独立知识产权,并且技术指标为目前国际最先进的高超音速风洞,它衍生出的一系列装备将在国防等领域发挥巨大作用。

第三件神器:无尽的能源——可燃冰

作为星际战士,你在使用武器、驾驶飞行器巡游外太空时,能源是个大问题,寻找一种能量大、用途广、可持续开采的能源就成了当务之急。可燃冰闪亮登场了,它是煤炭、石油等能源的最佳替代品之一。

开发使用可燃冰需要先进的开采技术。值得我们骄傲的是,2017年5月,我国从南海神狐海域试采可燃冰,连续点火试气60天,累计产气30.9万立方米,甲烷含量高达99.5%,创造了可燃冰产气时长和总量的世界纪录。

第四件神器:"第三只眼"——慧眼卫星

慧眼卫星的全称为"硬X射线调制望远镜卫星",它可以对银道面(天体沿着银河运转形成的圆形轨迹称为银道)进行巡天观测,任何天体的运动都逃不过它的眼睛，堪比二郎神的第三只眼。

　　除此之外，慧眼卫星还能通过观测和分析黑洞、中子星等高能天体的光变和能谱性质，加深对致密天体和黑洞强引力场中动力学和高能辐射过程的认识。这样，当我们处于茫茫宇宙中时，就少了无知而产生的恐惧。当然，宇宙中的未知还有很多，但只要有和你一样勇敢的星际战士的加入，总有一天我们会完全揭它的神秘面纱！

·摘自《读者》（校园版）2018年第8期·

比肩诺贝尔的科学传播者

苏琼山

在人类历史上,有许多实业家凭借科学知识得到了大量的财富,他们怀着感恩的心,不遗余力地资助科学研究,成为伟大的科学传播者,阿尔弗雷德·诺贝尔便是其中最杰出的代表。然而,在欧洲还有一位与诺贝尔同一时代的首屈一指的富豪,他的人生经历与诺贝尔极为相似,他就是比利时化学家、实业家——欧内斯特·索尔维。

化学研究带来的财富

1838年,欧内斯特·索尔维出生于比利时的一个小村庄。他的父亲经营着一个石矿以及一个小小的盐场。受父亲的影响,索尔维从小就对化学特别感兴趣,但是由于患有胸膜炎,从小身体羸弱的索尔维不得不辍学回家。不过，多亏了父亲的盐场，索尔维就算在家中也可以接触化学，他跟着父亲做各种化学和电学实验，在化学世界中尽情遨游。

1859年，索尔维离开了父亲的盐场，到叔叔的一家煤气工厂工作。在那里，索尔维的任务是研究煤气废液的用途。洗涤过煤气的水中含有不少氨和二氧化碳，索尔维想让这些物质发生反应，从而生成碳酸铵这种有用的产品。一连串的实验后，年轻的索尔维没能让煤气废液变废为宝，但意外地发现了一种化学反应。当时，索尔维把废液缓慢加热，使氨和二氧化碳从液体中逸出，并将它们溶解到盐的溶液中。然后，进入溶液的氨和二氧化碳便发生了沉淀，而这种沉淀物正是碳酸氢钠。看着这些碳酸氢钠，敏锐的索尔维立刻意识到要有重大发现了。因为只要加热煅烧碳酸氢钠，就能得到千家万户都在使用的纯碱（碳酸钠）。所以，索尔维当即提出了用氨制取纯碱的方法，并为自己的方法申请专利。

在工艺上经过多次改进后，索尔维便和弟弟花光所有积蓄，孤注一掷地创办了第一家纯碱制造工厂。

1867年，在比利时工业展览会上做了展示之后，索尔维的氨碱法开始在国际上走红。英国、法国、德国、美国的资本家争相与索尔维合作，纷纷开设氨碱厂。到了1900年，全球95%的纯碱都是采用索尔维发明的氨碱法来生产制取的。自然而然地，靠着氨碱法，索尔维也成为比利时乃至全世界最富有的企业家。

伟大的索尔维会议

对于索尔维来说，财富并不是他人生的唯一目标，在企业成功后，索尔维将赚来的钱源源不断地投入到科学慈善中。

1887年，索尔维为布鲁塞尔自由大学的职工提供了一笔津贴，这是他对科学事业的第一次资助。随后，索尔维更是致力于把布鲁塞尔打造成一座真正的"科技之城"。这里的第一座心理学研究所、社会学研究所、物理学研究所、化学研究所、索尔维商业学校、国际物理及化学研究所等，都在他的慷慨解囊下，逐步建立起来。

不过，在他众多的科学慈善项目中，影响最大的莫过于以他的名字命名的索尔维会议。

20世纪初，索尔维成为世界级富豪的时候，也正是现代物理学的两大支柱——相对论和量子理论诞生的年代。由于量子理论和相对论所产生的新概念与经典物理学理论出现了严重不协调，1909年年末，德国科学界的两位领袖人物——物理学家普朗克和物理化学家瓦尔特·能斯特，开始酝酿召开一次国际性的物理学会议，试图协调麦克斯韦、玻尔兹曼的经典物理理论与普朗克、爱因斯坦的量子理论。第二年春天，能斯特在布鲁塞尔见到了索尔维，双方聊起了这个话题。索尔维对能斯特提出的会议构想很感兴趣，他建议由自己出资，让能斯特去邀请世界上顶尖的科学家，举办一次最高水平的国际科学研讨会议。

经过一年的筹划，1911年10月29日，第一届索尔维会议在布鲁塞尔召开，以普朗克、亨德里克·洛伦兹、爱因斯坦为代表的物理学界殿堂级人物悉数赴会，他们终于可以面对面地交流自己对辐射理论和量子理论的看法。会后，这次会议的内容以论文集的形式记录并出版，使"量子理论从四面八方突破了德语的边界，成为一个在法国和英国同样使人感兴趣的问题"。另外，这届会议是世界上首次国际性物理学会议，它让世人看到了国际性学术讨论会的科学价值，为物理学的发展提供了一种全新的模式。

由于这次会议的成功召开，1912年，在洛伦兹的帮助下，索尔维创建了一个基金组织，命名为国际物理学协会。他决定，索尔维会议每三年举办一次，会议经费由索尔维的基金会来提供。然而，第一次世界大战打乱了索尔维的安排，直到1921年，第三届索尔维会议才在布鲁塞尔召开，次年，索尔维就病逝了。

指引物理学的发展方向

此后，索尔维会议一届一届延续下来，在这个平台上，一幕幕物理学界的传奇故事接连上演。

1927年10月，第五届索尔维会议在布鲁塞尔召开，参加会议的29位物理学巨匠的合影流传至今，成为一段佳话。该届会议原定的主题是"电子和光子"，但由于爱因斯坦和尼斯·玻尔两位物理学巨人的争锋，会议实际上变成了对量子力学诠释的一次全面讨论。在1930年10月的第六届索尔维会议上，两个人的争锋更加激烈。这两次会议后，量子力学的争论逐渐演变成以爱因斯坦和玻尔为代表的两派之间的"世纪论战"，这无疑对物理学的发展产生了深远的影响。

二战过后，索尔维会议继续引导了物理学的研究方向。第七届会议结束后，索尔维会议开始向粒子物理学倾斜，使得粒子物理学步入黄金时期，其间，诺贝尔物理学奖有一半都被授予了粒子物理领域。20世纪60年代后，索尔维会议着重讨论天文学，一时间，天体物理迅猛发展，为欧美各国间的火箭、人造卫星等太空探索技术和太空竞赛提供了理论保障。从20世纪80年代至今，索尔维会议的主题紧紧围绕高科技应用物理展开，量子计算、拓扑理论、通讯物理学成为热门话题，助力科技创新。

诺贝尔设立了以自己的名字命名的科学奖，而索尔维创立了世界最高水平的学术会议——索尔维会议。虽然索尔维远没有诺贝尔那样闻名，但无论诺贝尔还是索尔维，都不应该被我们忘却，他们热爱科学，都是伟大的科学传播者。

·摘自《读者》（校园版）2018年第9期·

看看科学家怎么改剧本

蔡文清

雷神是怎么和女物理学家配对的

在漫威电影《复仇者联盟3》中,说雷神是"最强复仇者"一点儿都不为过。雷神并不是漫威的原创人物形象,而是北欧神话中的一个人物。在电影视效技术飞速发展和剧本原创能力不足的前提下,好莱坞的真人电影把目光瞄准漫画故事、卡通动画和神话传说似乎已经成为一种必然。早些年漫威在做开发的时候有了野心,把雷神跟整个漫威结合在一起,于是有了电影《雷神》及脍炙人口的《复仇者联盟》系列电影。

当科幻遇到神话时,电影该如何打动人心,除了特效技术的巨大投入,还需要科学家的巧妙布局。"科学界与影视界融合发展课题组"成员、科学编剧王殊说,漫威影片中最早与雷神配对的是一个"软萌"的护士,英雄搭配"软萌妹"应该是非常经典的组合,可是这样就面临一个悖论:一个"软萌"的护士怎么会大半夜出现在沙漠里?除了剧情在逻辑上没有办法说通,还有就是雷神到底怎样来到地球才不会显得突兀。

当时正在流行"虫洞"的概念,漫威团队觉得"虫洞"已成为媒体的高频词,如果再用这个"梗",那就太没新意了。于是他们找到了相关的物理学家打磨剧本。物理学家给出的方案是,首先根据著名的科幻作家克拉克的思想设计了一句台词:"科技足够发达,便与魔法无异。"另外,女主角的身份也变成了一名女物理学家,这样她出于科研需要,大半夜出现在沙漠里研究"爱因斯坦罗森桥"也就合情合理。这些意见让漫威团队喜出望外,全盘采纳。直到影片上映,他们才得知,原来"爱因斯坦罗森桥"就是"虫洞"的另一种说法。

影片中坠入凡间的雷神对女科学家说,他的超能力在古代人看来是魔法,现在则叫"科学"。这一极具辩证色彩的台词堪称影片的"主题思想"。片中,雷神等人在仙界和冰巨人国度以及地球之间的穿越强化了"虫洞"理论,而来自仙界的"毁灭者"形象,则完全是变形色彩的机械动力和电子装置相结合的钢铁巨人,它的形象和功能其实已经脱离了传统神话的体系,更像人类世界的一个产物。《雷神》不是那种理论严密的"硬科幻"电影,但神话世界背景的修改和人物行为的科幻化,使得这部电影既有魔幻电影的光怪陆离,又带有一些科幻电影的现实主义色彩。

相比之下,很多神话形象似乎永远停留在神话传说诞生时的样子。如中国的玉皇大帝永远住在传统的琼楼玉宇中,从来没有出现在现代高层公寓中;希腊的宙斯神依然在奥林匹斯山上四面漏风的神殿中,这么多年过去根本没有变化。相比之下,虽然在电影《雷神》中,雷神托尔和他的同伴们还是拿着冷兵器、穿着笨重的铠甲，可仙界背景有了质的变化，Asgard 国度的建筑极富未来主义色彩，高耸入云的殿宇就像人类的 CBD（中央商务区），绵延笔直的彩虹桥完全与现代跨海大桥暗合，存放冰巨人能量的仓库，互动墙壁怎么看都像国家金库。在这个神话世界里，不再是云遮雾盖的仙界景象，而是具有金属质感的都市风貌，这些都极大地增强了影片的科幻和未来主义色彩。

阿凡达翼龙这样出现在地球上

科幻电影《阿凡达》给人们留下了深刻印象，在古生物学家眼里，影片中潘多拉星纳威人骑乘的"飞龙"斑溪兽很可能是翼龙的一种。2014年，中国科学院古脊椎动物与古人类研究所研究员汪筱林，在《自然》子刊《科学报告》上发表论文，描述了一种在辽西发现的新种翼龙化石，这种生活在早白垩纪的翼龙被命名为"阿凡达伊卡兰翼龙"。

阿凡达伊卡兰翼龙之所以得此名，与它独特的下颌结构有很大的关系。汪筱林介绍，在所有已知的翼龙中，仅具有下颌骨脊而不具有头骨脊的种类此前从未被发现过，在现生动物中也没有这一形态结构。而这两件翼龙化石的下颌，非常类似科幻电影《阿凡达》里的一类飞行翼兽——斑溪兽，也就是潘多拉星球上纳威人口中的伊卡兰。这种生物很可能是影片制作团队参考了包括翼龙在内的地球上的飞行生物之后，通过艺术加工而虚构出来的。

"巧合的是，这种在电影中被称为'伊卡兰'的虚构外星生物和当年我们发现的翼龙的骨骼结构非常相似——它们都只有下颌骨脊。因此，我们用电影里飞行翼兽的名字 Ikran 加上拉丁语里'龙'的词根"-draco"，作为这种无齿翼龙超科新种的属名，而种名我们就直接用了 Avatar（阿凡达)。"

很多翼龙，尤其是进化程度相对较高的翼手龙类大部分生有头饰，而且都在头骨的上部和顶部。关于翼龙头饰形态功能的观点很多，总结起来有以下几种：性别展示、飞行时的空气动力平衡、飞行或捕食时切割流体和方向控制、体温调节等。而伊卡兰翼龙独特的下颌头冠具体起什么作用？据汪筱林研究员介绍，这种翼龙的下颌具有一个独特的钩状结构，可能是用来固定伊卡兰翼龙的某种喉囊，这使得它可以在水面连续多次捕捉猎物，而下颌上的小钩可以加强喉囊的承载能力，从而在捕猎时能收获得更多。

汪筱林研究员多次主持野外发掘工作，他说，中国古生物资源十分丰富，在哈密魔鬼城雅丹地区分布着目前世界上最大的翼龙化石区，翼龙化石较为丰富。科学家在这里发现了大量三维立体保存的翼龙蛋，还有大量不同发育阶段的幼年和成年的雌雄个体，据科学家推断，可能是突如其来的大型风暴摧毁了这个翼龙聚居地，导致不同年龄、不同性别的翼龙同时死亡。这使得科学家有机会弄清楚翼龙究竟是如何发育的，解开了很多有关翼龙的谜题。

"科学研究的这些新发现为地球生命演化提供了非常重要的信息，也给艺术家及影视工作者提供了非常广阔的想象空间。这些都有可能是未来科幻电影催生的土壤。"汪筱林说。

·摘自《读者》(校园版) 2019 年第 5 期·

《爱丽丝漫游奇境》的科学迷思

李 青

盛夏的一天，爱丽丝陪着姐姐懒洋洋地坐在河边，为了打发时光，她起身去采野菊花。突然，一只穿着马甲、手拿怀表的红眼睛大白兔跑过来，嘴里还嘟嘟囔囔地说着什么。这下子爱丽丝精神了，她悄悄地跟在兔子后面，跑过草地，跳进了一个兔子洞，从此开始了她的奇妙旅行。这就是刘易斯·卡罗尔笔下的《爱丽丝漫游奇境》——一部无国界、无限想象、老少皆宜的世界童话经典，甚至受到学者们的青睐。卡罗尔的原名叫查尔斯·路特维奇·道奇森，是英国牛津大学的数学老师，他擅长几何、逻辑、诗歌还有摄影。无论是在文学、语言和艺术方面，还是在哲学和科学方面，这部作品都能带给我们无穷的思考乐趣。今天我们不妨就聊聊和《爱丽丝漫游奇境》有关的几个科学话题吧。

穿过地心的兔子洞

只顾着好奇,爱丽丝不管三七二十一,跟着兔子跳进了洞里。她慢慢地往下落,可好像停不下来,她怀疑自己可能会掉到地球的中心,至少能到新西兰或者澳大利亚吧。可掉呀,掉呀,就是不停,她又开始怀疑自己会不会掉到地球的另一端。如果爱丽丝真的跳进了一个能穿过地球中心的洞,会怎样呢?其实,希腊哲学家普鲁塔克就曾提出过这个问题,英国哲学家弗朗西斯·培根和法国哲学家伏尔泰也曾为此争论过。被后人誉为"近代科学之父"的意大利物理学家伽利略,在他1632年出版的《关于托勒密和哥白尼两大世界体系的对话》中就给出过正确答案。

因为地球是个不均匀的球体,而且有自转和公转现象,所以实际情况有点复杂。简单地说,就是物体从地球一端落下,在落到地心之前,速度越来越快,向下的加速度越来越小,地球表面的加速度是9.8米/平方秒。当物体穿过地球中心时,加速度变成0,此时速度最快。接着物体会继续下落,不过,速度越来越慢,反向加速度越来越大,直到物体降落到地球的另一端,加速度又变成了9.8米/平方秒,速度降到0。此时,因为地心引力,物体又会朝着地心的方向落去。如果不考虑空气阻力,也不考虑地球旋转产生的科里奥利力的话,爱丽丝会在这个穿过地心的兔子洞里像弹簧一样弹上来弹下去,永远出不去啦!如果考虑空气阻力呢,爱丽丝会在洞里晃上晃下,最后停在地心(真空条件下,从地球一端到另一端的旅行需要38分钟;如果有空气阻力,大约需要两天半的时间)。

忽隐忽现的柴郡猫

爱丽丝在公爵夫人家遇见了一只奇怪的大猫，它能突然闪现，也能突然消失，最神奇的是它能隐身，只显现露齿微笑的嘴巴，这就是柴郡猫。这只猫特别有名，是因为经常被科学家用来做一些科学现象的隐喻。从哲学角度看，这其实表明了猫的两种状态：显形的猫是猫的具体状态，露着牙齿的嘴巴是猫的抽象状态。美国数学家马丁·加德纳在描述数学方程与其应用的关系时，最喜欢用柴郡猫打比方了。他认为，数学方程能用来构建物理世界，但方程本身是抽象的，没有实际意义，这就好比我们只看见了露齿微笑的嘴巴，却不知道那是谁的嘴巴。但是，如果能用方程帮助我们解释世界、认知自然，那就好比让我们看到了一只完整的猫。

寻找现实中的"量子柴郡猫"

在异想天开的童话世界里，柴郡猫的嘴巴可以和它的身体分开，但在宏观的物理世界里，这种事情似乎不可能发生，因为嘴巴是猫的一个属性，就像我们不可能把一个旋转的球和旋转分开一样。那么在微观的物理世界里，物质及其属性到底能不能分开呢？有没有像柴郡猫这样的物质呢？

20世纪90年代，以色列的理论物理学家亚基尔·阿哈罗诺夫提出了粒子的属性可以和粒子分离的观点，并开始了寻找粒子之旅。阿哈罗诺夫大概是卡罗尔的铁杆粉丝吧，对他笔下的柴郡猫十分痴迷，于是就给要找的这个粒子起名为"量子柴郡猫"。2001年，美国的杰夫·托拉克森提出该理论的可行性；2014年，多国物理学家在法国的劳厄－朗之万研究所成功地将中子和它的磁矩分离，从而第一次用实验证明了"量子柴郡猫"的存在。

他们先用一个晶体把一束中子分成两束，接着给每束中子加上一样的磁场。因为中子有磁矩，所以会因外磁场的作用而改变运动方向。因此，加上磁场以后，它们开始朝反方向旋转。然后，再分别给它们加上另外一个磁场和干涉仪，在刻意改变中子的运动状态后，奇迹便发生了：中子和它的磁性被分开了！这就好像让柴郡猫穿过晶体，加上磁场，再经过干涉仪，猫和它的嘴巴分开了一样。你看，微观的量子世界跟人眼所看到的世界是多么的不同！

既死又活的"薛定谔的猫"

除了"量子柴郡猫"，我们再来说说物理界另外一只著名的猫——"薛定谔的猫"。薛定谔是奥地利物理学家，这只猫因为是他1935年量子理论思想实验中的主角而得名。根据量子理论，微小的粒子在同一时刻可以具有不同的物理状态，比如一个电子能同时朝相反的两个方向旋转，粒子的这种属性叫作"叠加态"。根据这个理论，被薛定谔放进密闭盒子的猫，既是活猫，也是死猫。一只猫要么是死的，要么是活的，怎么会同时存在生和死两个状态呢，这是不是太不可思议了？可是，在量子物理的世界里，这种怪事儿偏偏就发生了！

不难看出，阿哈罗诺夫的"量子柴郡猫"受到了"薛定谔的猫"的启发，不过，关在盒子里的薛定谔的猫生死未卜，揪着大家的心；而"量子柴郡猫"就幸运多了，它的确能和嘴巴分离而独立存在，而且我们找到了这样的粒子，梦想最终成为现实！

再多一点好奇心吧

最后来说说好奇心。在《疯狂下午茶》一章里，疯帽子先生从衣袋里掏出一块怀表想看看时间。他晃了晃表，发现表针停了，于是问爱丽丝："今天是几号？"爱丽丝想了想说："4号。"爱丽丝又好奇地抬起头瞧了瞧那块表，发现它只"显示几日，却不显示几点"，便觉得很奇怪。疯帽子先生反问爱丽丝："为什么一定要显示几点呢，你的表能告诉你现在是哪年吗？"疯帽子先生的这个问题乍听上去是不是很可笑？可你想过吗，我们平时看到的表上为什么没有年份呢，时间到底是什么？伟大的物理学家爱因斯坦曾经说过："逻辑能让你从A点推导到B点，可想象力却能让你天马行空。"所以，凡事最好多问几个为什么。

爱丽丝因为好奇，跳进了兔子洞，而"好奇心"这个词贯穿了整个故事的始终。

·摘自《读者》（校园版）2019年第18期·

《长安十二时辰》里的"硬科技"

莫浩然

唐代大数据——大案牍术

靖安司坐拥王朝大数据中心,发明了大案牍术。

大案牍术是通过大批书吏汇总一切机密信息进行统计的分析方法,从数据与信息间发现诸多关联,进而找到线索。

大案牍术就是那个年代的大数据分析,书吏就是最早的"人工智能"——没有电脑检索,单纯靠人脑,还要很快得出结果。《长安十二时辰》里,徐宾凭借大案牍术和户籍配合,迅速地找出一个个可疑人物。

唐代的虚拟现实——长安城大沙盘

剧中另一样城防利器——长安城大沙盘,和现代的虚拟现实有异曲同工之妙。在普通百姓手里连坊图都没有的情况下,这个真实复现长安(除了皇城)的大沙盘,便显得价值极高。

结合望楼体系,靖安司总部就好比拥有一个可以鸟瞰全长安的无人机,随时可以了解追踪目标当下的位置,从而及时做出指挥调度。

石油——阙勒霍多

中国最早提及石油的应属《易经》中记载的"泽中有火",到了唐朝,军队将石油(延州石脂、酒泉火油)制作成火雷,在守城时使用。

石油一旦烧起来,用水非但不能灭火,反而助其火势。突厥狼卫手上的阙勒霍多就是石油,是从外部(延州)被偷运进长安的。当时的长安城中,绝大部分建筑都是木质结构,一旦利用石油纵火,后果不堪设想。

天文、大地测量

一行是中国唐代著名的天文学家和佛学家,他和梁令瓒等人设计制造了水运浑天仪。

水运浑天仪上刻有二十八宿,注水激轮,每天转一周,恰恰与天体的周日视运动一致。

水运浑天仪既能演示日、月、星辰的视运动,又能自动报时,有两个木人每刻(一昼夜分作一百刻,每刻合 14.4 分钟)击鼓,每时辰(合 2 小时)撞钟。这是世界上最早将擒纵结构应用于计时的装置,比外国自鸣钟的出现早了 600 多年。

开元十五年（727年），一行为修订一部新的历法《大衍历》，上书玄宗皇帝，请求实测地球子午线。

子午线是连接地球南北极的线，由于地球是椭圆的，所以对应的两条子午弧线就可构成一个子午圈（实际上是地球大圆的周长）。

在这次测量工作中，一行认为，不可把在特定范围内、有限空间里获得的数据，不加分析地扩大到无限的空间中去。

一行的测量活动是人类历史上第一次实测子午线的活动，其意义不可低估。西方人进行同样的实测活动时，比中国晚了近100年。

锻造术——唐刀

唐刀的始祖为汉刀（又称环首刀）。汉刀多为单手刀，刀柄较短，长度为58厘米到114厘米，并且刀柄的外侧无一例外地呈扁圆环状。

唐刀采用汉刀"百炼钢"的锻造工艺，改善了在锻造时对钢材里杂质的处理方法，并运用了"包钢"的技术，使唐刀外硬内软，拥有极强的韧性。

在改善锻造工艺的同时，唐刀的外观也有很大的改进。唐刀去掉了汉刀刀首的扁环，加宽刀身，并且延长刀柄，使唐刀可以被双手持握。

复杂的工艺使唐刀的制造成本过于昂贵，所以在中国历史上，只有唐代才用得起如此精良的兵器。

造纸术、印刷术

中国是世界上最早发明纸的国家，纸是中国劳动人民长期经验积累和智慧的结晶。东汉元兴元年（105年），蔡伦改进了造纸术。他用树皮、麻头、敝布及渔网等原料，经过挫、捣、炒、烘等工艺制造的纸，是现代纸的源头。

到了隋唐五代时期，我国除麻纸、楮皮、桑皮纸、藤纸外，还出现了檀皮纸、瑞香皮纸、稻麦秆纸和新式的竹纸。

盛唐以来，耗纸量剧增，徐宾认为纸关系国本民生，他用心五载，试用新竹制新纸。因南方产竹地区竹材资源丰富，竹纸得以迅速发展。

雕版印刷术发明于唐朝，并在唐朝中后期开始普及，因此兴起了印书业，从而促进了造纸业的发展。纸的产量、质量自此都有所提高，价格也不断下降，各种纸制品出现在民众的日常生活中。

伴随着印刷术的传播，文明也得以更广泛地传播，印刷术也被称为"文明之母"。

城市规划与建筑设计——长安城、108坊

唐长安城，兴建于隋朝。唐朝时易名为长安城，为隋唐两朝的首都，是中国古代最为宏伟壮观的都城。

唐长安城面积达84平方千米，是汉长安城的2.4倍，比同时期拜占庭帝国的君士坦丁堡大7倍，较公元800年所建的巴格达城大6.2倍，古罗马城也只是它的1/5。它由宫城、皇城和外郭城3个部分组成，城内百业兴旺，人口最多时超过100万。

唐王朝建立后，对长安城进行了多次补葺与修整，使城市布局更加合理。

龙首原上的大明宫的建立，使李唐王朝统治者占有更加优越的地理位置。站在龙首原上，俯瞰全城，更显一代帝王一统天下的气度与风范。

·摘自《读者》(校园版)2019年第19期·

你在看网剧，他在看你

浦 东

很多人喜欢在网上"追剧"、看综艺节目，但你有没有想过，这些网剧和网络综艺节目是怎么选演员的，相关平台是如何决定播放时间的，以及在播放过程中制作方是如何推广话题的？这些问题都跟视频数据分析师这个新生的职业有关。优酷内容数据分析师刘敏敏就是其中的一员，他的日常工作就是研究网剧和网络综艺节目的大数据，并为内容制作方和播放方提供切实的建议和参考。

你喜欢的演员，是"鱼脑"选出来的

刘敏敏出生于 1992 年，在浙江大学计算机科学与技术学院读研的时候，他对 AI（人工智能）领域的发展非常感兴趣，当智能机器人写诗、

当主播时，他判断未来会有更多的行业和AI紧密联系在一起。因此，他除了在专业上很努力，还选修了和人工智能有关的几门课程。

2018年6月，他在校园招聘会上看到优酷认知实验室内容智能团队招聘数据分析师，感到非常好奇，就和负责招聘的工作人员聊了起来，这才知道，在网剧的制作和播放过程中，数据分析师起着非常重要的作用。优酷2017年构建了泛内容大数据智能预测平台——"鱼脑"，为内容策划、制作、营销提供数据参考和支持。刘敏敏立即递上自己的简历，他想了解网剧走红背后的秘密。

几个月后，他加入了优酷的内容智能团队。在接受了一段时间的培训后，他才真正了解到"鱼脑"背后的强大功能。"鱼脑"可识别8000位名人、10种表情、300个动作、2.8万个物体和场景，能完成300万小时内容的理解式计算。导演在筛选演员的时候存在明显的效率相对较低的问题，而大数据的一个好处就是能打破时空壁垒，通过一个可以体现演员演技的标准化视频简历库，根据剧本的角色需要和演员的基本条件去筛选演员，大大提高筛选效率，帮助导演快速选定目标演员。

根据马伯庸同名小说改编的超级剧集《长安十二时辰》，就是相关人员通过"鱼脑"平台对剧本的AI分析以及潜在主演的多维度数据对比，最终确定雷佳音是最合适的男主角人选。《长安十二时辰》节奏快、逻辑严谨，刘敏敏说，中间错过10分钟剧情，后面的可能就会看不懂，而"鱼脑"平台通过对男演员的大数据分析，发现该剧与雷佳音的标签十分匹配，他有过扮演类似角色的经历，演过《和平饭店》，这是一部同样节奏紧凑、剧情不断反转的"烧脑剧"。

大数据能"看脸"，2019年2月，根据匪我思存的同名小说改编的古装言情剧《东宫》在优酷上线，男女主角陈星旭和彭小苒都是新人，但他们的"颜值"分都很高——是"鱼脑"按照亚洲人的审美标准算出来的。除了"颜值",演员的名气、热度、形象标签等,都能通过大数据分析得出结论,为制作方提供参考。

你在看网剧,他在看你

《东宫》剧集的打造始于2016年,播出前的准备工作与播出全程都有刘敏敏所在的内容智能团队的参与。《东宫》问世前,刘敏敏发现某知名视频网站自制视频中使用最多的背景音乐是《爱殇》。《东宫》播放到第10集时,女主角和男主角相继跳下"忘川",形成首个剧情高潮。刘敏敏监测到观众反馈,称"跳忘川"的段落没有配上背景音乐太可惜,于是在24小时内联动片方,建议制作方拿下《爱殇》版权,给剧集加上网友最爱的插曲作为背景音乐。就为了听这段音乐,不少观众重复观看了这一集。

网剧上线后并不是一成不变地播,而是根据视频数据分析师的意见边播边改。基于数据与舆情,网剧可能会根据情节新增背景音乐、修改字幕大小、调试滤镜。《东宫》上线后20天内,就经历了对背景音乐、字幕与滤镜的3次改动。在播出的过程中,刘敏敏每天都要提交网剧数据分析报告,在例会上分享给其他团队,最终协同片方及时改进。

"鱼脑"是刘敏敏工作时必用的工具,"鱼脑"系统分为月旦评、度量衡、沙盘、"鱼脑"监控、"鱼脑"榜单等多个板块。月旦评为IP评分,度量衡为演员评分,二者的评估结果关乎采买;沙盘用于测算网剧排播;"鱼脑"监控用于测算话题热度,"鱼脑"机器人还会根据指令将超过一定热度的话题实时发送给工作群内的成员;"鱼脑"榜单则呈现全网热度排名。

当你在看网剧时,视频数据分析师在看着你。每一个观众的观看行为与讨论行为都被纳入数据仓。刘敏敏会根据这些数据，研究一部剧的收视率曲线和弹幕曲线，不仅要测算哪段时间的收视率高、弹幕多，还得分析其原因。更重要的是，根据测算结果，对站内运营、站外宣传乃至内容本身提出改进建议。网剧什么时候播、一周更新几次，视频数据分析师都可以告诉你。

为用户画像，不让观众跑了

为用户画像也是刘敏敏的一项重要工作，知己知彼，才能避免观众流失。数据显示，67%的《东宫》观众看过此前热播的《知否知否应是绿肥红瘦》(以下简称《知否》)，其中大部分是18岁~24岁的年轻女孩。但经过更精确的计算，刘敏敏发现，两部剧的观众仍有差异。《东宫》的话题性更强，观众更愿意就剧情展开交流，人均弹幕数更多。

刘敏敏说："我们对用户画像的分析已经越来越细，以前只是性别、年龄、学历，现在数据正被用以揣摩用户心理特征。有些观众喜欢看剧时快进，这说明他们情绪比较激动、比较挑剔；有些观众喜欢看花絮和周边短视频；还有些观众喜欢放慢速度看，这都会对应相应的心理学行为标签。""看《东宫》的女孩比看《知否》的更挑剔，情绪性特征较为明显"，这是刘敏敏基于数据的分析。发现这些用户需求，才能对网剧的类型进行更精准的划分，为以后的制作提供更详细的参考。

分析用户的心理行为或心智，快速响应用户需求，是数据分析师职业的未来，也折射出网剧的未来。随着工作要求的提高，刘敏敏现在看起了心理学方面的书，他打算在有空的时候，再学习一些心理学方面的课程。

目前，视频数据分析师的市场需求量很大，也是各大视频网站急需的人才，起薪都在上万元每月。相对于高薪，刘敏敏更享受这个职业的乐趣。自从成为视频内容数据分析师，刘敏敏再也不愁和女孩聊天没有话题，女孩们对他充满敬意，他说："这份工作让我保持年轻。"

·摘自《读者》（校园版）2019年第6期·

NASA 背后的隐藏英雄

SME

在 2017 年奥斯卡颁奖典礼上发生了一件奇怪的事情，当然，这里说的不是颁错奖的大乌龙，而是在一群奔着小金人来的演员中间，有一位非洲裔女数学家。原来她就是被奥斯卡提名的电影《隐藏人物》中的人物原型，NASA（美国国家航空航天局）的超级女英雄——凯瑟琳·约翰逊。

这部电影主要讲述了在种族隔离大行其道的 20 世纪 60 年代，三位黑人女性冲破性别和种族的歧视，为"太空竞赛"下的美国航空事业做出了巨大贡献。随着《隐藏人物》的上映，真正的"隐藏人物"凯瑟琳·约翰逊才渐渐走入人们的视野。

在那个没有计算机的年代，凯瑟琳·约翰逊在 NASA 担当着"人肉计算机"的角色。她负责开发各种太空路线，计算各种至关重要的航天轨道参数，是"水星计划""阿波罗登月计划"中不可或缺的角色。她只要稍有差池，整个太空任务就可能完全失败，甚至造成宇航员死亡。

从家庭主妇到NASA飞行小组成员，凯瑟琳·约翰逊经历过怎样的不公待遇我们不得而知。她说："我知道歧视就在那里，但我选择不去看它们。"

就是这股最纯粹的力量，让她将种族隔离的壁垒和性别歧视的天花板逐一打破，让她活成了一个传奇。

1918年，凯瑟琳·约翰逊出生于美国西弗吉尼亚州的一个小镇。凯瑟琳的父亲是众多黑人农民中的一员，还额外从事着一份看守的工作。虽说父亲没什么文化，但他有着不一般的数学天赋。当初父亲与木材打交道时，只要看一眼便能计算出一棵树可以加工成多少块木板，他甚至还能解答出许多让老师都感到困惑的算术问题。凯瑟琳认为自己继承了父亲的数学天赋，从小就特别迷恋数学。在旺盛的求知欲无处释放时，她就去计算各种能数的东西，例如教堂的阶梯，甚至连洗过的刀叉碗碟她都不放过。在哥哥姐姐都嚷嚷着不想上学的时候，她却迫不及待地想要学习。她还总是偷偷跟着哥哥去学校，以至于学校的老师几乎都认识她，还允许她参加暑期课程。

一到学校，6岁的凯瑟琳便开始碾压各路同龄学生。老师看她这么聪明，就直接安排她插班到二年级，一年级都不用读了。本来就聪明的她在老师的一番指点下，数学天赋逐渐显露。两年后，她又连跳了两级，直接进入六年级。那时，比她大3岁的哥哥还在读五年级。

凯瑟琳刚满10岁，就要上高中了。但这也是她第一次因为身份的问题，感受到了来自社会的恶意。凯瑟琳所在的小镇，只向非洲裔的孩子提供一年级到八年级的教育，高中部并不接收他们。

不过幸运的是，凯瑟琳的父母虽然没什么文化，但是非常注重孩子们的教育。他们打探到距老家200千米的地方，有接收非洲裔学生的高中学校。于是，母亲带着凯瑟琳和哥哥姐姐们搬到学校附近，住在租来的房子里。而父亲则留在小镇继续工作，给几个孩子赚取学费。高中毕业后，14岁的凯瑟琳便获得了全额奖学金，进入西弗吉尼亚州立大学攻读数学专业。在最喜爱的数学领域，凯瑟琳一口气把所有的数学课程都学完了，但这些课程远远不能满足她旺盛的求知欲。

看着如此聪明和勤奋的凯瑟琳，克莱特博士——第三位获得数学博士学位的非洲裔美国人，竟为她开起了小灶。他特地为凯瑟琳增设了一门高级数学课程——解析几何学，而凯瑟琳是唯一的学生。这门解析几何课程，也成了她日后进入NASA飞行小组的敲门砖。

1937年，19岁的凯瑟琳完成了大学的学业，还顺便考了一个法语双学位。如果放到现在，这样的天才少女恐怕早就有企业抢着要了，出路完全不是问题。但在那个种族隔离的时代，一名黑人女性面临的却是种族和性别歧视的双重大山。

想要继续深造是不可能了，而她唯一能找到的与数学相关的工作就是到黑人小学教书。在做了一段时间的数学教师之后，凯瑟琳的人生出现了转机。1938年的"密苏里州代表盖恩斯诉卡纳达案"中，美国最高法院做出裁决，如果一个州只设有一所有该专业的学院，则不得根据种族限制只录取白人。于是，凯瑟琳几乎是见缝插针地成了第一批进入西弗吉尼亚大学研究生院的黑人学生。

第一批黑人研究生只有3个，而她是其中唯一的女性。但作为第一批黑人研究生，凯瑟琳受到了前所未有的差别待遇。不到一年，凯瑟琳就离开了这所对她充满恶意的研究生院，决定将生活重心放在家庭上。

在之后十几年里，凯瑟琳成了拥有3个孩子的家庭主妇。但当她自己都以为人生止步于此的时候，一个好消息重新点燃了她的数学梦想。

那时，美国与苏联的"太空竞赛"进入白热化阶段，NACA（即NASA的前身）正在紧锣密鼓地招募数学计算员，重点是竟然还向黑人女性开放。在丈夫的支持下，他们举家搬迁到工作地点附近。

经过长达一年的测试，1953年夏天，凯瑟琳正式加入NASA。

时隔十几年，从家庭中走出来的凯瑟琳仍然坚信自己能够胜任NASA的这份工作。事实也确实如此，她不但能胜任，而且比当时的许多男性同事表现得更加出色。刚开始，凯瑟琳和许多黑人妇女一样，在担任一个职位名称为"Computer"的工作。虽说是"Computer"，但是她们手头却没有计算机，全都是用纸和笔来完成枯燥的计算。

在那个计算机还未正式投入使用的年代，她们被当作"人肉计算机"来使用，也被称为"穿裙子的计算机"。黑人和白人有不同的餐饮区、工作区和卫生设施，这些非洲裔女计算员的办公室门上就赫然写着"有色人种计算室"。但凯瑟琳只当了两个星期的"穿裙子的计算机"，就被临时抽调到一个飞行小组。

当时，这个小组急需一名会解析几何的计算员，而大学时克莱特博士教给凯瑟琳的解析几何知识派上了大用场。因为凯瑟琳实在是"太好用"了，以至于临时抽调的时间一直在延长，大家都不愿意把她"还"回去了。

虽说大家都越来越依赖凯瑟琳的数学天赋，但在这个全是白人男性工程师的飞行小组，歧视却一直大行其道。因为她是这个团队中的一个特例：唯一的黑人，唯一的女性。在办公室里凯瑟琳一直遭到同事们的白眼和无视，除了无法使用白人的咖啡机，还只能使用有色人种的卫生间。

最让人无法接受的是，明明是凯瑟琳的建议或计算成果，报告上却署着别人的名字。她做着最核心的工作，却拿着最微薄的薪水，享着最低等的待遇。在受到种种歧视时，凯瑟琳从未放弃过争取自己应有的权利。几乎每一次写报告，不管是否能递交成功，她都会签上自己的名字。当遇到不清楚的问题，她一定要刨根问底将其搞懂，也不管其他同事翻了多少个白眼。

当时，NASA的重要会议上几乎没有出现过女性，但是凯瑟琳为了获得飞船飞行的第一手信息，勇敢地向上司提出参加会议的请求。遭到拒绝时，她说："有法律规定女人不能参加会议吗？"

最后，她确实争取到了参加会议的资格，成为整个会议室里唯一一位女性。此外，她的杰出表现也慢慢受到了上司的重视，报告上也终于出现了她的名字。

她用自己的努力一步一步地获得他人的尊重和认可，这个黑人女性成了NASA的传奇人物。后来，每当团队遇到什么难题，总会有人说："问问凯瑟琳吧！"

1961年5月5日，水星计划的"自由7号"将美国第一位宇航员艾伦·谢波德送上太空，这艘飞船的运行轨迹正是凯瑟琳计算的。随着"太空竞赛"的不断升温，凯瑟琳的工作也变得越来越复杂了。她从早期的抛物线轨道算到椭圆轨道，从绕地球飞行轨道算到绕月飞行轨道。

尽管后来电脑已经被应用于轨道的计算，但是NASA仍不放心，非要凯瑟琳这台"人肉计算机"验算过才敢起飞。

1962年，约翰·格伦在首次环绕地球的太空飞行中，就指名要求凯瑟琳帮忙验算后才敢上天。他不相信计算机，反而相信凯瑟琳。他说："如果那个女孩（指凯瑟琳）说没有问题了，我才算准备好。"

由约翰·格伦完成的这次飞行任务，标志着美国在太空竞赛中首次超过了苏联，同时也标志着凯瑟琳得到了认可。

从进入NASA到1986年退休的33年间，凯瑟琳几乎参与了每一个重要的航天计划，为太空探索做出了巨大贡献。

2015年，奥巴马授予凯瑟琳"总统自由勋章"。

2016年，凯瑟琳也随着《隐藏人物》的热映，进入了大众视野。

而NASA为她撰写的传记的结尾是："如果没有你，NASA不会是今天的模样。"

凯瑟琳用一生告诉我们一个道理：人一出生就带着各种标签，但是这些标签并不是真正阻碍你前进的阻力。在撕毁这些标签时，革命只能使人们获得表面的胜利。真正的尊重，还是要靠实力才能赢得。

·摘自《读者》(校园版)2020年第3期·

考古与《盗墓笔记》有什么不一样

嘉 禾

我是一名混迹于文博圈的非典型考古"民工"。说非典型,是因为我虽然经常下工地,也只是在那里看一看、听一听、说一说。大多数时候,我并没有拿洛阳铲踏入考古发掘现场,而是在办公室默默做着考古管理工作。

总有人带着极大的兴趣跟我探讨《盗墓笔记》和《鬼吹灯》里的细节,但说真的,这两本书所讲述的跟我们真实的工作场景相差十万八千里。这些小说着重于讲述盗墓时的神秘传说,而我们更关注古人的生存状态——透过古人用过的物品和留下的遗迹,来洞察他们生活的方方面面,如同法医通过案发现场遗留的线索来还原犯罪事实。

种个山芋就能挖到文物

在南京城南的高淳区，有春秋战国至汉代的固城遗址。在高淳老街的一处店铺里，我们赫然发现一排春秋战国至汉代的陶罐、陶壶。古朴的造型与纹饰颜色，可以看出这些都是真品。

见我们的眼光停留在罐子上，梳着背头、腆着肚子的老板很有自信地说："都是真货，高淳固城里有很多。"问他怎么来的，他说是当地村民挖出来的。有时村民种个山芋就有可能挖到文物。好在这些并非什么珍贵文物，一件顶多值几百块钱，否则固城遗址将会千疮百孔。

因为盗墓，我们时常会在前代墓葬里发现后代的物品。比如，在徐州云龙山麓的一处汉代诸侯王墓的墓室外层，就发现了元代盗墓者留下的铁锹——文献中也曾记载元代盗墓分子贾胡曾到云龙山麓，对一座汉墓狂挖一通，想必这铁锹就是他们离开时不小心遗留在盗洞中的。

这些出现在墓葬里的各时代文物，在今天都成了历史的见证。

考古与盗墓的相爱相杀

很多大型墓葬的考古发掘缘于被盗，尤其是江苏的汉墓，盗墓屡禁不止。而徐州位于苏、鲁、豫、皖四省交界之地，盗墓分子常在此地活动，于四省流窜作案。

盗墓者不仅掌握了文物埋藏的规律（通过研究官方出品的文物地图集），更有先进的工具——除了盗墓祖师爷发明的洛阳铲，还有探针、金属探测仪和遥感工具等用来探墓。

甚至，还曾有在文物行业浸淫多年的工作人员参与盗墓的。著名的辽宁红山文化遗址被盗，就是因为有早年参与过发掘的技工成了盗墓的主力——这些人相当于文物界的内奸和叛徒，他们当然最了解地下文物的埋藏情况及勘探方法，有他们引路，珍贵的文化遗产很快就会落在盗墓分子手中。

考古工地的自然美食

苏州郊外的一片田野，地下是未知的古代世界，地上则是瓜果飘香。

在去往一处汉代至明清的墓葬群的路边，是一派秋天的丰收景象——芽枣树果实累累，可以随手摘几个吃；丝瓜秧上挂着胖乎乎的丝瓜；几个石榴在树梢上露出半红的笑脸……

欣赏瓜果并非我们此行的目的，却是考古工作的副产品。可能因为遗址或墓葬的发掘点一般都在农村或庄稼地，在考古工地附近往往能看到最原始的乡野景色。尤其当考古队要在一个地方住上几个月甚至几年时，队员总会抽空种蔬菜，养鸡或养鱼。

我将这些戏称为考古的农垦基地。通常来讲，由于遗址的土地富含有机质，在上面种的蔬菜长得鲜美，而在遗址边养的鸡鸭鱼则肉质鲜嫩。

我曾在寒冬的鸿山遗址考古工地上吃过鸿山鸡，个个体形壮硕，鸡汤很是滋补；还有句容土墩墓边的青菜、宜兴下湾遗址的玉米、江浦汉墓群边的香芹，想来令人垂涎。

"90后"美女带队挖掘北宋夫妻墓

扬州长江边上一个偏僻小镇的小丘陵有一处宋墓，对其进行考古挖掘的负责人是一位"90后"美女。

几十年前，大多数人要么服从调剂，要么因为家庭条件差才进了考古的大门。而现在的年轻人，大多是真心喜欢考古专业，喜欢亲自去探索古代的世界。比如这位美女领队，来自大城市的她，家庭条件不差，但她就喜欢考古，参加一线发掘工作即便风餐露宿也无怨无悔。

美女领队每天清晨5点多就来到现场。这天，她带着两个技工挖土，直到露出并列的两个墓。只见10块石板严丝合缝地盖着两个砖室墓，这是一座夫妻合葬墓。两个墓之间隔着厚厚的石板，中间还开有洞，名为"过仙门"——为了二人能在死后"保持联系"，可见此处葬的是一对恩爱的夫妻。

室外是近40℃的高温，我们站在墓地的遮阳棚里，一会儿工夫便热得几乎窒息。我很担心有人会撑不住，一头跌进两三米深的墓室去。

美女领队沿着墓葬边下到墓室，清理出南宋的铜镜、棺钉和藏在头龛脚龛里的韩瓶、盖碗，褐色碗内外布满兔毛样的纹饰，如同长江三峡边几万年前的三叶虫化石。宋朝人过得精致，喝个茶也会斗茶，无论是茶叶还是茶盏都很讲究。我们常在宋墓中看到各种喝茶的器具，还有研磨用的擂钵。

墓葬营建很考究，在墓葬边还填了很多石灰浆用来密封。历经上千年却没有被盗，算是很幸运了。墓葬没有发现墓志铭，也没有什么重要的随葬品，信息有限，我们只能通过墓室结构、随葬物品及人骨做初步的判断。见了很多墓葬后，我的感受是，王侯将相也好，平民百姓也罢，每个人都是这红尘中的过客，爱过、痛过、成功过、也失败过，可终将尘归尘，土归土。

·摘自《读者》(校园版)2020年第5期·

给文学作品做"亲子鉴定"

朱会鑫

我们知道 DNA（脱氧核糖核酸）技术可以对人进行亲子鉴定，可你知道吗，随着科技的不断进步，AI（人工智能）已经可以给文学作品做"亲子鉴定"，进而判定其作者是谁。那么，AI 是如何判定文学作品的作者的呢，利用 AI 判定文学作品的作者是否准确呢？

下面，我们就以利用 AI 判定英国著名戏剧《亨利八世》的作者是谁为例。与《红楼梦》究竟是谁写的一样，《亨利八世》也存在同样的问题。可以说，在长达一个世纪的时间里，关于《亨利八世》的作者是谁的争论一直没有停息，直到最近的一项研究才使这个问题的答案变得明朗起来。

捷克科学院的研究员普列查奇，最近使用机器学习技术来识别《亨利八世》的作者,并取得了具有说服力的结果。那么,他究竟是如何利用AI判定《亨利八世》的作者的呢?

简单地说,就是从词汇和节奏入手,辨别文本的来源。在了解作者的风格和常用的字词与句式后,再去辨别目标作品中的文本习惯样式,以判定它们是否出自同一个作者之手。即通过算法模型对文本常用词、常用语句和节奏模式进行分析,使算法学会辨别相关作者的写作特征。

具体来说,就是先将剧本《亨利八世》细化成多个小场景,再使用支持向量机对《亨利八世》的各个场景进行归因分类和分析。其中,以500种最常见的节奏类型的频率和500个最常见单词的频率作为分类器的功能集。鉴于作者在不同时期可能出现的风格差异,普列查奇采用了同时期其他戏剧的场景(如《暴风雨》《科里奥兰纳斯》)作为训练样本,对于可能的作者也同样收集了训练样本。

最终,普列查奇收集了53个莎士比亚训练样本、90个弗莱彻训练样本和46个马辛格训练样本。为了测试模型的准确性,他还通过交叉验证的方式进行了检验。完成训练学习后,在《亨利八世》的文本上运行该模型,最后结合词汇和多功能化的综合分析,确定哪些作者参与了剧本的写作,以及他们的具体贡献。

结果证明,这是区分莎士比亚、弗莱彻和马辛格风格非常可靠的依据。尤其是使用常用词和常用节奏的组合模型,在3位作者的风格鉴定上,准确率高达96%。当模型应用于《亨利八世》的分析时,结果清楚地表明,莎士比亚和弗莱彻都参与其中,另一位传闻中的剧作家马辛格在算法的层面上和剧本无关。

为了更可靠地了解具体作者承担的份额,以超越特定场景的简单归因,普列查奇采用滚动归因分析方法,确定了具体文本片段属于某位作者的概率。滚动归因是一项针对涉及混合作者身份的案例技术。在滚动归因中，不对整个文本或其逻辑部分（章节、场景等）进行分类，而是对其固定长度的重叠部分进行分类。该方法使用移动窗口的概念，同时与标准的监督分类技术相结合，旨在评估离散文本样本之间的样式差异，以测试其文本样式的一致性。

结果表明，结合了词汇特征的滚动归因方法是非常可靠的：在区分莎士比亚和弗莱彻时，滚动归因的准确率高达99.77%。

对文学研究者和爱好者来说，利用AI对文学作品进行"亲子鉴定"，以破解名著的作者之谜，是一件很有价值的事情，同时也提供了一个数据维度的视角，以解决此类问题。

·摘自《读者》（校园版）2020年第2期·

动画片里的那些科技"梗"

付丽丽

《宠物小精灵》中的皮卡丘：灵感或来自"放电高手"电鳗

看过动画片《宠物小精灵》的朋友一定对矮胖而且圆咕隆咚的小精灵皮卡丘印象深刻。尤其是在对战中，它可以通过脸上的电气袋释放电能。鲜有对手的绝招"十万伏特"，让许多小朋友艳羡不已。不过，皮卡丘能放电并不是作者的凭空想象，自然界真的就有和皮卡丘一样的放电高手——电鳗。

对此，中国科学院动物研究所副研究员赵亚辉说，在鱼类中确实有不少种类的鱼具有放电功能，其中既有海水鱼类，也有淡水鱼类。它们主要的放电器官大部分是由肌肉衍生出来的，如电鳗的放电器官就是由尾肌转变而来的。它由发电细胞构成，发电细胞在神经中枢的指挥下，使神经层出现极化逆转，从而产生电流，这些细胞就像小电池。虽然每个发电细胞只能产生约 0.1 伏的电压，但一尾长达 2 米的电鳗大约有 6000 个发电细胞，当它们"串联"在一起后，实测最大发电量可以超过 550 伏，从而达到电晕甚至电死其他动物的效果。至于电鳗为啥不会电到自己，赵亚辉解释说："因为电流都会选择从电阻最小的通路经过，所以电鳗在水中放电时，电流会经由水来传递，并不会电到自己。"

值得一提的是，电鳗的放电过程是脉冲式的，并不能持续。这一点也与皮卡丘在放电后变得虚弱，并且在一段时间内不能再使用绝招的情况相似。

《变形金刚》中的"能量块"：可燃冰也许是它的原型

贯穿动画片《变形金刚》的情节，就是汽车人和霸天虎之间对一种紫色的小方块，即"能量块"的争夺。

《变形金刚》中机器人争夺的这种体积小、能量大的"能量块"，在现实生活中也可以找到原型，它就是可燃冰。

可燃冰，学名"天然气水合物"，外形像冰块，一旦遇到火，它就可以像固体酒精一样燃烧，但燃烧时间远远长于固体酒精，产生的能量也巨大。有专家表示，可燃冰最大的特点就是能量密度高。在同等条件下，其产生的能量比煤、石油、天然气要高出数十倍。以生活中常见的汽车为例，如果一辆以天然气为燃料的汽车，一次加 100 升天然气能跑 300 千米的话，那么加入相同体积的可燃冰，这辆车就能跑 5 万千米。

可燃冰是清洁燃料，燃烧后只会生成二氧化碳和水，如果替代化石燃料，将有助于解决空气污染等问题。不仅如此，可燃冰储量巨大，广泛分布于全球大洋洋底、陆地冻土层和极地之下。有专家估计，其储量相当于全球已探明传统化石燃料总量的两倍，是一种具有重大战略意义的新能源。

《赛尔号》中探索地外能源：月球能源的探索

公元 2110 年，地球能源已接近枯竭，环境污染日趋严重。为了探索地外能源，实现地外星系探索计划，人类制造了能源探索飞船……这是动画片《赛尔号》中的情景。

动画片中的情景在未来或许会变成现实。人类对月球的探索一直没有停止，我国实施了"嫦娥"探月工程，美国推进"重返月球"计划，一些主要航天大国纷纷提出雄心勃勃的月球探测计划。

据中国月球探测工程首任首席科学家欧阳自远介绍，地球上的石油、煤、天然气等资源终究要被耗光，而月球上蕴藏着丰富的能源。月球上一个"白天"大约相当于地球上的半个月，月球表面没有大气、电离层等遮挡，十分利于太阳能的采集。同时月球表面没有建筑物，可无限制地铺设太阳能电池板，而且在月球上吸收的太阳能转变为电能后输送到地球的技术也已解决。

月球上特有的矿藏和能源，是对地球资源的重要补充。月球上已知矿物有 100 多种，包括大量的铝、镁、钙、钛、硅、钠、铬、钾、锰、锆、钡、钪、铌等，另有 5 种矿物元素是地球上没有的。

中国科学院国家天文台研究员郑永春表示，将外太空的资源开采后运到地球上用，代价非常高昂，而且有些资源，如黄金、铂金等，如果不是品质非常高则完全没有必要开采。但有些资源，如月壤中含有的氦-3，如今已被世界公认为是高效、清洁、安全、廉价的核聚变发电燃料，但地球上没有，这就有必要开采并拿回地球。据了解，氦-3在核磁共振成像设备的超导电磁体冷却、半导体、超导实验、光电子、激光陀螺等领域有着重要作用。但如何把氦-3从月球拿到地球，是科学家们首先要解决的问题。

《美少女战士》中的"V"形头饰：由记忆合金打造才能与额头紧密贴合

在动画片《美少女战士》中，美少女战士每次变身时额头上都会出现一个金光闪闪的"V"形头饰。这个头饰能够和额头贴合得如此紧密，有人猜测，它一定是用记忆合金做成的。

对此，有专家解释，记忆合金，又称形状记忆合金，是一种能在特定条件下变形，之后又能恢复其变形前原始形态的合金材料。这样的特性就好像这块金属对自己之前的样子有记忆一样，所以人们把它叫作记忆合金。

记忆合金究竟是如何记忆的，科学家表示目前还不清楚其原理，只知道其在一定的温度条件下，能恢复原来的形态，而且具有百万次以上的恢复功能。这种合金的另一个独特性质是在特定温度下会发生"超弹性"效应，表现为能承载比一般金属大几倍甚至几十倍的可恢复应变。

记忆合金以镍钛记忆合金为典型代表，在医疗、建筑、航空航天等领域应用广泛。例如NASA（美国国家航空航天局）的新火星车的车轮，将使用一种由镍钛记忆合金制成的非充气式网状轮胎，它比"好奇"号使用的铝制车轮能承受更大形变与更多载荷。

·摘自《读者》（校园版）2020年第16期·

阿汤哥脚下那个"空地球"

唐 蕾

当地球因为某种原因而变得空无一人时，独自驻守在这个"空"的星球上，会是怎样一种感觉？你看到的一切，还是我们熟悉的那个地球吗？

在科幻片《遗忘星球》里，阿汤哥扮演的就是一个末世后驻守在地球上的无人机维修员。他在森林里一个人投篮、看书、躺在草地上晒太阳，在体育场里感怀最后一场"超级碗"橄榄球赛，也会在残破的建筑物中与敌人进行殊死搏斗。

这个世界会首先充满火焰和爆炸

英国一档叫《人类消亡后的生活》的科学纪录片，全景式地描绘了一个没有人类的世界。

英国皇家土木工程协会前主席戈登·马斯特顿预测，一旦人类消失，由于发电厂停工，全世界的灯光几乎立即熄灭，最后的电力可能是由风力发电机提供。而数周之后，整个地球就将陷入漆黑之中。同时，人类消失一周之内，全世界的核反应堆将发生灾难，核反应堆冷却系统的柴油发动机由于失去燃料供应，将会全部罢工，核反应堆将一个接一个由于过热而燃烧、熔化甚至爆炸，大量放射性物质将会被释放到空气、河流和海洋中。

美国记者艾伦·韦斯曼在《没有我们的世界》这本书中指出，如果人类明天就消失，石化精炼厂和化工厂的命运取决于有没有人在离开之前扳一下开关。假如人们没有时间正常关闭工厂，一切设备还处于工作状态，那么很快就会遇上高压和高温的问题了。有些机器会失控，变得一发不可收拾，所有的管道都将成为火焰蔓延的媒介，火焰会从这个设备烧到那个装置，大火也许会持续数周，把有害物质排放到大气中。

狼和熊成为地球的主宰者

当人类从地球上消失，6个月之后，城市将被各种动物占据。科学家指出，20年内狼和熊将成为主宰城市的"新主人"，它们在大街上四处游荡。而那些依赖人类生存的宠物将会遭受苦难，因为冬天不再有暖气。而牛、羊之类的牲畜，则将被凶猛的捕食者消灭。

人类消失后，大多数野生动植物都会幸存下来，到100年后，50万只幸存的非洲大象将会繁衍到1000万只左右，非洲草原将满是野生动物。最终，大型动物将统治世界——在非洲草原上，狮子和金钱豹的数量将会爆炸式地增长，它们会进行掠食盛宴，疯狂捕食非洲草原上数百万只牛羊，而不用再担心猎人们的猎枪。

几乎可以肯定地说，如果没有人类，动物尤其是野生动物，一定会生活得更好。人类对动物的猎杀让越来越多的动物消失，而人类的扩张又不断破坏着动植物的生态环境，占据着它们的生存空间。

豪华别墅和美丽首饰终将化为乌有

科学家预测，大自然接管这个世界后，会立即着手拆除房屋，将它们夷为平地。

科学家向我们描绘了这一景象：大自然依托水的威力对我们自鸣得意的制造品展开了复仇。它从木结构的建筑下手，报复始于屋顶。雨篷受不了雨水无情的冲刷，雨水开始渗进房屋。房屋中的木制胶合板首先遭殃，然后没多久铁钉开始生锈，并逐渐松动，房屋结构受到巨大威胁。同时，木头上开始长出一层毛茸茸的绿色霉菌，霉菌层下面，菌丝正分泌出能将纤维素和木质素分解为真菌养分的酶。木头一天天在腐烂，到了最后，墙体倾斜到一边，屋顶便倒塌下来。你的房子或许可以维持50年，最多也就100年罢了。

因为人类总是不断破坏又不断创造新的建筑，我们忽视了终有一日房屋会夷为平地的事实，每种材料都有寿终正寝的一天，但是不是每种物质都会消失得完全无影无踪，它们可能以另一种形态存在于地球上，而且不同的材料不会同时消失。以房屋为例，最初消失的可能是房间里的木地板和木制家具，主要是微生物的不断"吞噬"，让它们最先消失了。接着呢，就轮到那些金属，因为氧气把它们氧化了。铁最先受到腐蚀，家里的铁锅可能会最先"消失"，铝和铜会慢一些，但这仅限处在正常的状态下，因为铝也有它的"天敌"，比如强碱和稀酸。不锈钢等材料会存在得更久些，而那些金银等贵金属会"消失"得更慢一些，所以可能保险箱已经"消失"了，但里面的金戒指、金项链还保存着。至于钻石，则更不容易腐蚀，但它们的"永恒"也是有期限的。还有些碳材料，它们因为耐高温，也不太容易分解，像网球拍、羽毛球拍这类物品。不过房间里的这一切器具迟早会化为尘土，只是时间的问题。

人类文明独留金字塔孤单屹立

让我们看看《人类消亡后的生活》中是如何描述人类文明逐渐消失的世界吧。

50年之后，由于钢铁受到腐蚀、植物根须侵袭、天气影响等原因，许多代表现代文明的钢结构建筑开始坍塌。纪录片用电脑虚拟的画面，模拟出了地球上触目惊心的"后人类"景象，譬如伦敦哈罗兹百货商店将会在洪水中渐渐被腐蚀，白金汉宫将会逐渐坍塌；巴黎成了森林，由钢铁建造的埃菲尔铁塔，将因为生锈而拦腰折断；纽约的摩天大楼将被植物包围；由于被闪电击中，罗马的圆形大剧场将会陷入熊熊火海；莫斯科著名的圣巴西尔大教堂，将会杂草丛生，被疯狂蔓延的植物所覆盖。

与此同时，那些存储在档案馆中的人类历史和文化的珍贵记录，由于必须在适当温度和人类监管下保存，100年后也将可能因为人类的消失而全部消失。比如，死海西岸地区出土的羊皮古卷《死海文书》，尽管曾在沙漠山洞内保存了2000年，目前被精心收藏在博物馆的现代环境中，但一旦失去现有的保护，它们最多只能保存100年。

100年后，绝大部分人类文明的载体——书籍、照片、电子数据都将消失，几乎不留任何痕迹。但有一种情况例外，如果它们正巧被掩埋在沙土层中，由于缺少空气和水，它们或许仍可以幸存成千上万年，并且1

万年后仍然可以被阅读。

在这一切之外，还有一个奇迹被保留了下来，那就是埃及金字塔。当现代建筑全分崩离析后，埃及金字塔和狮身人面像仍将屹立在那儿，默默诉说着人类的过去。如果那时外星人访问地球，他们或许会以为古埃及就是地球上最后的文明。

·摘自《读者》（校园版）2014年第4期·

孙悟空的筋斗云就是音爆云,这是真的吗

中科院物理所

有人说孙悟空是以音速飞行的,所以他的筋斗云就是音爆云,这是真的吗?

声音的本质就是介质振动的疏密波(纵波)。一架飞机在飞行的过程中碰撞空气产生振动,这种振动就以声波的形式向外扩散。

当达到音速的时候,飞机在碰撞自己跟前的空气,而空气却来不及将这种挤压扩散出去,因而被紧密地压在一起,对飞机产生剧烈的阻力和扰动,这一现象叫音障。

在这一过程中,被挤压的空气有很大的压强,高压下空气中的水蒸气被液化成小水滴,形成一片白色的"云"。这一现象就叫音爆云。

音爆云和音爆都只在飞机突破音速的那一刻产生,一般来说持续几

秒钟——没有飞机会一直卡着音速飞行。速度完全超过音速之后，飞机自身反倒平静了许多。飞机仍在碰撞空气，但它将自己发出的声音甩在了身后，本来应该以球面波的形式传播出去的声波前此时形成了一个锥形面——飞机在锥尖的位置。

飞机外面的你在"声锥"之外什么都听不到。当声锥界面经过你的位置时，空气压强的突变会使你听到如爆炸一般"砰"的一声，这就是音爆现象。之后你在声锥之内了，听到的就是正常的飞机飞行声。

上面描述的"声锥"有个学名叫激波。在任何介质中，点波源的速度超过介质中的波速，都会产生激波现象。水中声速约为1500米/秒，如果一个物体能在水中超过这个速度，想必会产生比空气中更加剧烈的激波现象，只不过这样的现象很少被观察到。

虽然水中声速很快，但水面波（就是一枚石子投入水中产生的涟漪）往往波速很慢——一般每秒只有几米。跑得快的船在水面可以产生艏波，这也是一种激波现象。

事实上，这一现象甚至对光也成立。真空光速是不可超越的，但介质中的光速可以。一些高能粒子可以具有比介质中光速更高的速度，这也会发生类似的激波现象，学名叫切连科夫辐射。这一现象在高能粒子的探测中有重要的应用价值。

·摘自《读者》（校园版）2020年第2期·

古代人的科幻想象力

刘黎平

对于地球以外生命的好奇和探索，其实在古代就开始了，在古代人眼中，神仙和外星生命并不是一回事：神仙上天入地，长生不死，不借助工具，其地位远高于人类；而外星生命，只不过寿命比人类的长，他们也有国度，也得借助工具，而且他们只不过在科技上领先于人类，但等级是并列的，他们在人类面前炫科技，但并不能决定人类的命运。

一些东晋乃至明朝的神怪小说，其实有一些就是科幻小说，内容充分显示了当时人们对地球外生命的幻想乃至向往。

科幻一：火星人降临东吴，一路爬升离开

晋朝的时候，有个叫干宝的文学家，写了一部书叫《搜神记》，说的是搜神，其实是虚构神仙，其中还虚构了一些地球之外的生命。

《搜神记》第八卷记载，在公元260年的时候，东吴怕前方将士军心不稳，投敌而去，于是将他们的家属扣押在一起。有一天，一群被扣押的儿童聚在一起玩耍，忽然来了一个与众不同的孩子——身长四尺多，穿着绿色衣服。让人害怕的是，这个小朋友眼睛里有光芒往外照射。大伙儿问他："你是从哪儿来的？"这个小朋友给出了明确的答案："我非人也，乃荧惑星也。"按照现在的理解就是：我不是地球人，我来自火星。

所谓荧惑，是古人的说法，就是指现在的火星。无论是东方还是西方，古代人们都迷信火星是战争的象征。火星小朋友给地球上的人类带来了什么消息呢？果然，是预言战争的。他说："以后天下归于司马家。"对于这个预言，我们可以一笑置之，因为干宝出生在三国统一之后的282年，小说里这么说其实是事后诸葛亮的做法。不过有趣的是，这个火星朋友离开地球的方式。他往上一跳，拽着一条绳子升向空中，渐渐地越升越高，一会儿就不见了。是不是有一艘飞船在空中等着他，放下一条绳子，先将他吊上了飞船，然后飞走了？看到这里，不得不佩服干宝老师的科幻写作手法，让1000多年以后的人们看起来，一点不觉得违和。

这里最大的亮点就在于对火星人的装备及其离开方式的描写。这可能说明了古人在幻想离开这个世界的时候，已经放弃了神仙满天飞来飞去的幻想，而是认为必须借助一些飞行工具。可见我们古代的科幻作家还是很有专业精神的。

科幻二：唐朝人游嵩山，遇到月球挖矿工

唐朝有一部志怪著作，名曰《酉阳杂俎》，风格比较高冷，包括其对外星文明的描写也是如此。

据《酉阳杂俎》第一卷记载，在唐文宗时期，即公元9世纪初，有两个读书人，一个姓郑，一个姓王，一起去游嵩山。他们攀着藤萝，在山涧幽谷里走着走着就迷路了，正好是日暮时分，一时不知道该往哪里走。这时候他们忽然听到有打呼噜的声音，拨开荒草一看，见到一个穿着白色衣服的男子，枕着枕头正在呼呼大睡。他们叫醒他，并向他问路。这人比较高冷，看了他们一眼便继续睡觉——反正不是我迷路，急什么急？

连叫了三五次之后，这人才邀请他们坐下来，说："你们知道月球是由什么组成的吗？"两个地球人懵懵懂懂地摇头。这个白衣人说："月乃七宝合成。"意思是说，月球是由七种矿石组成的！

看到这里，不得不对《酉阳杂俎》的作者说一句"请收下我的膝盖"。一个唐朝人居然知道月球上有矿石，多么有先见之明。

别急，再听下去。白衣人说："俺们月球就像个小丸子，上面的影子，就是太阳照在其凸出的地表上造成的。"（"月势如丸，其影，日烁其凸处也。"）也就是说月球上的光芒是太阳光反射造成的。这绝对是百分之百的科学，当然，也不用膜拜作者，因为这个发现早在东汉时候就已经由科学男神张衡完成了。

白衣人还说："像我们这样在月球上对其进行修理的工人，有8.2万多家，我是其中一个。"估计也就是挖矿工。他还介绍了他们的生产规模，有工人8万多户。如果按照每户4个人来算，起码有30多万外星人聚集在月球上。这家公司的规模还挺大的，可惜当时我们地球上还没有宇航局，不然可以联手开发，可惜啊。

接着，这个月球修理工还给两个地球人展示了生产工具，分享了太空食品（"因开幞，有斤凿数事，玉屑饭两裹"）。据说是营养食品，虽然不能够使人长生不老，但可以提高生命质量，一辈子不生病（"虽不足长生，可一生无疾耳"）。不知道这是什么超级营养品。在给二人指明道路之后，这个月球修理工就"嗖"地一下不见了。

这部科幻小说最大的亮点在于：知道外星球上有矿石，而且还成立了大型挖矿公司。公元9世纪的中国人，想象力的丰富和逻辑的严密，不得不让人叹服。

科幻三：秦始皇接见外星潜水艇部队

想象没有边界，只要敢想，我们古代的科幻作家什么都敢写，东吴人遇见火星人算什么，唐朝人遇见月球修理工又算什么，秦始皇还遇到过潜水艇部队呢。

据东晋王嘉编著的《拾遗记》第四卷记载，秦朝的时候，忽然有外星人来访，人家不是来自蓬莱仙境，而是来自具体的国度——宛渠国。人家是驾驶着海螺形的潜水艇来的，这种船只密封性很好，在水里航行，一滴水也渗不进去。这些人平均身高达十丈，可真够吓人的。

在这部科幻小说里，秦始皇亲自接见了这些外星朋友，还与其进行了互动。这些个子高大的外星人喜欢吹牛，有一条蛮有意思的，说是他们在上古时期发现了一种燃料，是石头，可以燃烧（"及夜，燃石以继日光。此石出燃山，其土石皆自光澈"）。这种矿石易碎，但是敲碎了之后，形状好像粟米，哪怕只用一小粒都有相当强的照明效果。想象力具体到这个地步，不一般啊。

古代这些关于其他文明的记载，不只说明了古人对外界有着强烈的兴趣，其思维活跃不受拘束，更令人惊奇的是，古人在幻想的同时，也不失严谨的思维、科学的判断，居然还和现代的东西有吻合之处。

·摘自《读者》（校园版）2020年第3期·

豁出性命拍成《水下中国》

美 云

2019年9月开播的《水下中国》，震撼了无数人的心灵。这是第一部以水下视角展示我国人文自然的高清纪录片：云南抚仙湖水下"金字塔"、河北潘家口水下长城、千岛湖底百年古村……湖南女孩周芳三年磨一剑，冒死带领团队走访中国24座城市，首次完整地拍摄到多处水下古迹，让全世界了解那些被遗忘的中国文化。

从写字楼到海洋，湖南姑娘变身"美人鱼"

周芳是一个漂亮的"80后"长沙女孩，她一直喜欢旅游和户外运动。2012年，在看到一位潜水的朋友拍摄的水下作品后，周芳对潜水产生了兴趣。在考取了潜水资格证后，就带着家人去澳大利亚的大堡礁度假。

随着潜水次数的增多，周芳深深地爱上了这项运动。随着每次深潜海底变身为"美人鱼"，周芳看到了越来越多的海洋美景。原本就喜欢摄影的她，有了做水下摄影师的想法。

此后，周芳每年都用几个月的时间到世界各地潜水，学习水下摄影。2014年，她到古巴出海潜水，当地没有网络，没有信号，周芳整整"人间蒸发"了9天。

2015年，周芳完成自己的第一部水下作品《寻找鲸鲨》。周芳眼中的鲨鱼温柔又害羞，一见到潜水员就会游走，并不会主动攻击人。她希望大家保护海洋，爱护鲨鱼，不要吃鱼翅。

2017年，周芳全身心投入出品了一部25集的纪录片——《潜行天下》。

同年在北极潜水时，一位俄罗斯冰潜教练问周芳："你知道抚仙湖吗，有没有探索过中国的水下世界？我在那里，看到过完全不一样的水底……"外籍教练侃侃而谈，周芳竟一无所知，此事对她打击很大。

此前，从未有人涉足"水下中国"题材的纪录片，因为拍摄成本高、难度大，只要天气、水流、水温、能见度等有一点偏差，就会造成拍摄失败。我国拥有广阔的海域，以及世界上最多的河流、绮丽的湖泊、神秘的地下水与雄伟的冰川，却没有一部以水下视角拍摄它们的纪录片。周芳不服气，更不甘心，她决定拍一部《水下中国》，弥补这个空白和遗憾！

挑战极限创造选题，新一代"海的女儿"

2017年初夏，周芳作为《水下中国》的总导演，怀揣着梦想，带领团队行走中国。他们潜入冰冷的水库、高原湖泊、幽暗的水下洞穴、汹涌的海洋，只为寻找过去和现在的线索，探寻中华大地的脉搏，重现被封存在水下的文明。

拍摄《水下中国》，最具挑战性的是潜入水下洞穴。中国的水下洞穴大多未被探索和开发过，没有明确的地图指示，进去之后没有直接的逃生口。"遇到洞口比较窄的时候，潜水员就会被卡住，只能先把气瓶卸下来扔过去，人再游过去。"

周芳和同事们探索了20多处中国水下洞穴，最终拍摄到最具代表性的5处：灵婉洞、白龙洞、红军洞、九送洞穴和吞列化石洞。其中最有意义的是九送洞穴，它最早被法国人塞班发现，沿着他留下的引导绳探索，摄制组还意外发现了洞壁石花和盲虾。

拍摄盲虾的经历，周芳每次回忆起来都心有余悸。

周芳带领的团队在水下洞穴里拍摄，只靠一根引导绳保命，一旦脱离，人极有可能憋死在洞里。

进入一个侧洞几米深的位置后，周芳刚踢了两下脚蹼，就发现整个洞内沙尘弥漫，能见度瞬间为零，她的心完全被恐惧笼罩。周芳和女同事失散了，只能靠右手摸到的一个参照物继续往前探索，却突然发现路被堵死了！

"要保证在空气充足的情况下找到出口，最怕潜水员自己慌乱，紧张的时候乱动乱抓，甚至会把对方的呼吸器抓下来。"周芳折回来的时候撞到了那位之前失散的女摄影师，她用力地在同伴的面镜前晃动自己的手，两个人朝着反方向游，才死里逃生回到了主洞。

水下古村、长城、金字塔，《水下中国》惊艳世界

周芳和队友们在拍摄千岛湖水下古城时，既有惊艳，也有感动。1959年，新安江截流建水电站，浙江的淳安、遂安两县瞬间变成一片水域，当时迁走20多万人。当地的房舍，在中国最大的人工湖——千岛湖形成后，被原封不动地淹没在水底，至今已过去60多年。

在拍摄之前的走访中,一位许姓老移民向周芳回忆:"我们被淹在湖底的家叫余庆堂,门上有一块石匾,写着'山屏水带'。希望你可以帮我带一块家宅的瓦片上来。"

下水后,周芳成功找到了老人的家,当她拿起一片瓦片,刹那间沙尘弥漫,瓦片瞬间脱离周围的环境,变成了一片新瓦。周芳考虑了好久,最终还是把瓦片放回了原处,"我觉得,应该让它留在60多年前的记忆中,这才是它最好的归属"。

河北潘家口的水下长城,是全世界唯一可以水下零距离接触并能穿越的长城。周芳激动地说:"6℃的水温,能见度可达10米,这是我见过的最美的长城!"而在云南抚仙湖底占地约2.4平方千米的水下遗迹中,有一座类似金字塔的建筑,塔身的石头上刻着各种图案和符号,专家至今无法破译……每每亲眼见到这些惊人的水下遗迹,周芳就不由得感叹:"中国的水下古迹和文化,很值得被传播出去。"

周芳在台湾兰屿拍摄到的"堡垒号"沉船,是目前中国水域保存最完好、能见度最高的一艘沉船。周芳带着团队拍到了古代丝绸之路上的沉船、现代的南海沉船,以及为保护海洋而主动投放在海底的人工鱼礁沉船,以此讲述中国水下的沉船演变历史。

《水下中国》每集一个主题:水下洞穴、古城、沉船、珊瑚、海底生态、渔业……每个主题都代表着中国水下一种罕见的自然景观,以及那些被我们遗忘的文化。它们向我们展示中国的水下文明,它们分别是黑暗洞穴、水下古城、古今沉船、秘密花园、生命绿洲、海底粮仓。

6集纪录片《水下中国》播出后广受好评。周芳说:"我们并非以物见物,而是以物见人,以物见中国。"

·摘自《读者》(校园版)2020年第3期·

你能指望"维京英雄"给你煮出点啥

蔻蔻梁

曾经有人一脸不屑地说:"你吃过宜家的那个挪威肉丸子没有啊?还说是挪威的名菜呢,那可真难吃!简直是骗人的东西!"

我默默地为宜家喊冤:苍天啊,这个油腻、干瘪的炸肉丸子真的就是瑞典的名菜啊。而且为了能让吃惯好东西的中国人接受,它已经比在故乡做得好吃多啦。

我在一个 12 月到达瑞典。严寒,早上 10 点天亮,下午 1 点 30 分就开始天黑。但这些都没有击倒我,击倒我的是他们的食物。

每一天,我对食物的期盼都会从"找点好吃的",迅速下降为"找点儿热的"。有当地人告诉我,一周 7 天 21 顿饭,瑞典人能吃四五顿热饭就不错了。

在想象中，瑞典离挪威很近嘛，在瑞典应该可以大吃三文鱼了吧。是啊，超市食品柜里一片橙红色，除了三文鱼，还有成吨的虾。盐水白灼虾，冷的。三文鱼便宜得很，大部分也是吃生冷的，被熏制过或者腌制过的三文鱼片吃起来又腥又咸，只能用来夹在面包——又黑又硬的裸麦面包里吃。

在冰天雪地里吃了几天冰冷三文鱼，我这颗中国南方的胃感到"空虚寂寞冷"啊。我明知"咖喱焖三文鱼头腩煲"不可能存在于这个北方国度，但还是抱着幻想，餐馆里或许有热的三文鱼吃？翻开餐单，无非就是烤和炸两种烹饪方式。无论哪种，都是油腻的。更奇怪的是，端上桌来，它们都是凉的。

瑞典的正常中等消费水准的餐馆里只有几样东西可吃——三文鱼、煮虾、烤肉、炸肉丸子、炸鱼。运气好的话能吃到蔬菜沙拉，但你会为此支付巨额费用。这些餐馆的烹饪水准完全是北欧的标准化风格：谁也不比谁好吃一点。更常见的餐馆则只提供一道菜。真的只有一道菜，连小菜都没有。Side Dish 这个词在这里就不存在。那里走的也是北欧设计风格：极简。

我从来没有见过哪个国家的餐饮如此简约，以至于在《孤独星球》上只占了一个自然段，还是很小的一个自然段（人家挪威还有两个自然段呢）。而好些国家则需要用一个几十页的章节来介绍该国餐饮。

不过，你能指望从"维京英雄"起家的国家在餐饮上有什么建树呢？挪威也罢，瑞典也罢，甚至丹麦和芬兰，也好不到哪里去。从冰河时期到维京时期，冰冷的气候、常年的冰雪，这些真的不是诞生美食的关键词。

周游列国之后发现，只有那些"很早以前祖上就阔过"的国家的骨子里才有"骄奢淫逸"的基因，才会花费心思去伺候自己的舌头。例如葡萄牙、西班牙、法国，包括中国——从这个角度而言，英国人虽然善于制作美食节目，也出产烹饪明星，可他们多数餐馆的食物还是叫人不敢恭维。但英国至少遍地都是来自世界各国的风味餐馆，要做到在英国旅行不吃英国菜，完全有可能。而在瑞典，哪怕在其首都斯德哥尔摩，都是肉丸子和廉价三明治当道。

然而斯德哥尔摩又是美丽得不似人间的一座城市。瑞典的大片森林和湖泊依然能被看作是仙境。广东人说"有情饮水饱"，可能对于瑞典人来说，维京时代是"有金币饮水饱"，现在是"有湖光山色饮水饱"，赏着美景，吃着肉丸子，是别处没有的幸福体验。

·摘自《读者》(校园版) 2020 年第 12 期·

穿在身上的历史

张佳玮

小时候读亦舒的小说,文中常提到主角穿着开司米。我总觉得开司米是一种中国本土材质。后来学了点英文,明白了:开司米=Cashmere=克什米尔山羊绒。也就是炫富大师彼得·梅尔所说的世界上最奢华的保暖材质,需要靠手工收集,轻暖软薄,在冬天让人如升天堂的玩意儿——一种我小时候司空见惯的材质。

项羽破釜沉舟,解巨鹿之围,擒王离,降章邯,灭秦军主力,西行入咸阳,火烧阿房宫,分封天下,号为霸王,打算回家。人们劝他别回去,时年27岁的项羽表现出了年轻人爱美的劲头:"富贵不归故乡,如衣锦夜行,谁知之者?"

诸葛亮在《出师表》中,说自己年少时,"臣本布衣,躬耕于南阳"。

富贵即可衣锦，平民就是布衣。纺织品材质本身，映射着人的身份。《神雕侠侣》里，小龙女初次出场，"披着一袭轻纱般的白衣"，如烟似雾，正该如此。全真道士看郭靖，"他容貌朴实，甚是平庸，一身粗布衣服"，这等深藏不露，才是郭靖。倘若郭靖穿了一袭白纱，飘飘欲仙，小龙女一身粗布，那便不对了。

纺织品的材质本身还跟人的气质有关。17世纪，英国和法国一度限制了印度的印花棉布进口：这玩意儿太便宜，又轻薄，不褪色，物美价廉，简直要摧毁本土纺织业。这一禁令直到1759年才解除。那时节，巴黎人正流行蓬帕杜夫人那闪烁华美、滑若流水的塔夫绸。18世纪下半叶，欧洲流行新古典主义，大家都爱希腊和罗马式装扮，其中也有纺织品的影响因素：印花棉布到了欧洲，棉布、细布和薄纱开始流行，多少也能将就希腊和罗马那种亚麻材质的感觉。

纺织品的材质，还跟政治有关。恺撒就深明此理，罗马人还在学希腊人穿亚麻衣服时，他就得意扬扬，穿过一身丝绸袍子，还是紫色的。那时丝绸来自东方，万里迢迢，贵重无比，还是最难染的紫色，煊赫贵重，不可一世——太高调了，所以恺撒虽功业盖世，最后却惨遭刺杀。

纺织品的材质，都是跟时代挂钩的。19世纪后半段，法国人廷兰德在奥泽内山谷附近，沿河借水力开了个丝绸纱厂。那时候，大众普遍穿廉价的机制棉布，贵族才穿柔软轻盈的丝绸。意大利作家巴里科有一部小说描述过，欧洲人那时不远万里，去东方找蚕茧蚕丝，有的还要付出很大的代价。

1880年，廷兰德的儿子加斯顿接掌其衣钵。那时贵族时代已经到了尾声，第二次工业革命就要开始了。30年后，他的继承人开了一家针织厂，成为法国第一批提供内衣、袜子与运动外套的厂家之一。

这算是离经叛道吗？不是的。

时装这东西，公认的祖师爷是保罗·布瓦列特。20世纪初，他开始推出第一批署名服装设计作品，从此地球上才真正有了时尚产业。而布瓦列特开始进行服装业革命，推翻紧身胸衣，是为了方便女士们进行体育运动。换言之，人们穿上方便运动，可以在城市里晃荡的轻便衣服，已经是20世纪初的事了。

倘若你在20世纪初，吃过连正餐带甜品的12道菜，然后去后院网球场礼仪性地打几拍，你也会觉得胸衣如甲胄，勒得心脏都要停跳了，希望有件衣服能让自己自如地运动，同时不失风度。20世纪初，针织、帆布这类材质流行起来了，城市工薪时代来临，大家都得穿得干净利索，行动自如。

1952年，廷兰德家和格罗家合并。1962年，他们出了款亮丝：明亮如丝绸，弹性如纤维。因为那是20世纪60年代了——"二战"过去了。老牌贵族还相信手工定制和人造材质，但新一代人，经历过天翻地覆，已经相信了科技，相信了未来。世界需要更短的裙子、更现代的服饰、更舒适自然的休闲装扮，要更多的亮丝做的马球衫，活动自如，干净敞亮。

人类从穿丝绸学贵族仪态，到穿针织衫行动自如，再到穿着纤维接纳人造科技，成为一个标准的、干净敞亮的现代城市居民。材质的历史，也就是人类进步的历史。

19世纪中后期，欧洲商业大肆发展，巴黎女子们的衣服也日益分门别类。晨服多用轻棉，裙摆可以不那么夸张，但出门见人，衣服得格外讲究。无论有没有事，小姐太太们依惯例得在午时出门一趟，显摆一下衣服。领子得低到露出脖颈，除非颈部花边无穷；衬裙得滚3圈边，还得让姑娘的婀娜步态显现出来……那时节，相机和照片还没有大规模应用，流行时尚基本靠口口相传，或画作宣传。

到20世纪初，欧洲贵族为了摆谱，还会特意将衣领、袖口磨出毛边的痕迹，以显摆岁月与传承，使人一望而知"咱们家族可是历史悠久，与众不同"的，与衣服崭新鲜亮的新贵们划分开来——在奢侈品理论里，这叫作Social Distance，社交距离。仿佛是盘核桃的包浆，老祠堂的香薰痕迹，都是岁月的洗礼。

但20世纪与以前不同的地方在于，贵族传承只停留在奢侈品领域，成为小范围的传说。大众一边将传说当段子听，一边阔步向前。有钱人的所谓一日三开箱、不同场景换不同衣服来打发时光的琐碎劲儿，只能停留在他们自己豪华但局限的庄园里。城市时代的人们，需要的是自然舒适、可以随意在城市任何场合之间转换的衣裳——这就是现代生活，接受变化，接受平衡，承认效率和快乐的重要性。

·摘自《读者》（校园版）2018年第3期·

不赚钱的"幻想工程部"

奚吉星

全球闻名的大型跨国公司迪斯尼,其赚钱技能能评十颗星,可你知道迪斯尼公司有一个最不赚钱的部门吗?

这个部门叫作"幻想工程部",是由迪斯尼公司创始人华特·迪斯尼于1952年设立的。它是迪斯尼公司最重要的一个部门,也是薪资最高的一个部门,部门的主要职责就是幻想。

是的,你没有听错,这个部门人员的工作是幻想。上海迪斯尼乐园在建设之前,第一步就是选拔了150名幻想工程师。幻想工程师的选拔标准非常高:这150人必须来自不同的文化背景和领域,而且他们要有丰富的想象力。这些工程师被派往加州、佛罗里达、香港、东京、上海等世界各地的迪士尼游乐园,与当地的艺术家、设计师和技术人员一起工作。

　　上海迪斯尼乐园最受欢迎的是奇幻童话城堡"漫游童话时光"，缩小版的白雪公主俏丽地出现在游客们面前，游客们能看到她肢体的动作，甚至能感受到她的呼吸和细微的表情，让人有一种穿越时空、落入童话世界的感觉，而这一切正是得益于幻想工程部。上海迪斯尼公司的幻想工程师们在对世界各地的迪斯尼乐园进行考察后发现，原来各个乐园的白雪公主虽然在造型上跟动画中经典的白雪公主形象没有太大出入，但总给人一种呆滞感，不灵动、不亲切，也不真实。如何才能把白雪公主更逼真地展现在人们面前呢？幻想工程师们脑洞大开，提出应该摒弃先前的塑料制作，而要有人一样的皮肤，能够像人一样呼吸和做表情。然而，制作这样的人造娃娃，在中国并没有先例，为了达到理想的效果，迪斯尼公司先后联系了十多家玩具公司，最终选定了广州一家公司来设计并制作新的白雪公主。从提出改进意见到选定厂家，再到设计和制作的完成，仅一个白雪公主就耗时大半年。

　　此外，在上海迪斯尼乐园将要建造完成之际，一位幻想工程师在电影《加勒比海盗》中看到了一种特殊的红蓝砖。他认为这种砖颜色鲜艳，又带有一种不羁的感觉，最适合用在加勒比海盗船的游戏区。这个想法提交后，得到了其他幻想工程师的认同，公司辗转联系了《加勒比海盗》电影的编剧，得知这种红蓝砖原本是由巴西一家制砖厂研制生产的，但由于这种砖制作程序特别繁杂，价格高昂，需要的人不多，早已经停产。经过多次交涉，上海迪斯尼公司以高于原价三倍的价格使厂家重新投入生产，而为了等这些红蓝砖，上海迪斯尼乐园整整推迟了一年才开放。

　　很多人不理解迪斯尼公司为什么要这样做。要知道，时间就是金钱，迪斯尼乐园一年的收益可是以亿美元计算的。对此，迪斯尼公司董事长兼首席执行官罗伯特·艾格的解释是:"自迪斯尼公司创建以来,我们的原则就是让每一座迪斯尼乐园都不同,充满新鲜的乐趣。"

  虽然因为幻想工程部的存在,迪斯尼公司需要承担巨额薪资,花费了许多时间,但也正因为幻想工程部,迪斯尼游乐园在世界各地都受到了好评。从这个角度来说,幻想工程部这个最不赚钱的部门又何尝不是最能赚钱的部门呢?

·摘自《读者》(校园版)2017 年第 8 期·

机长吃饭那些事儿

纪 燕

电视剧《冲上云霄》的热播，一度让年轻的吃货们痴迷于机长这个职业。因为剧中的机长不是在环境雅致的餐厅悠闲用餐，就是在去往餐厅的路上。

然而，现实与电视剧却有着天壤之别。

在执行飞行任务前，机长和副机长的饮食就已经开始受到诸多限制。比如，想要愉快地吃上几只小龙虾，或来一盘牡蛎煎蛋，是绝对不可能的。因为虾类、贝壳类容易变质，会引起肠胃不适。试想在高空飞行中，机长突然肠胃不适，该是多么危险的事儿。那么能否来一份优雅的日本料理，简单的土豆沙拉，两个蛋黄派？不不不，不容易消化的食物，或者会影响酒精检测结果的食物，机长统统都不能吃。

飞行途中，机长究竟该吃什么才好？实际上，机长在飞行途中的用餐制度非常严格。

首先，机长和副机长不能吃同样的食物，且不能吃在同一个地方购买的食材，以防他们因食物中毒而引发飞行安全问题。这可难为了机场的厨师，今天给机长做一顿红烧肉，材料去东区市场买，给副机长来一份卤鸡腿，材料得去西区市场买。

机长的餐食是需要试吃的，确定无毒、无害后，才会被送上飞机。但这还不算最后一道屏障，在飞行途中，机长和副机长的用餐时间需要间隔一小时。不论食物如何诱人，副机长都只能默默吞口水。一个小时后，确认用完餐的机长没有任何不适后，副机长才能开始用餐。如果副机长是个吃货，这对他来说简直就是酷刑。

在飞行途中，机长用餐只能在驾驶舱内。狭小的空间里，机长吃饭时眼睛还不能离开各种仪表、仪器，一点儿也不悠闲，更无优雅可言。

机长的用餐制度如此严苛、谨慎，都是因为他们身上系着几百人的生命。

·摘自《读者》（校园版）2018 年第 1 期·

刀枪不入——来真的

路爱道

现代科技的介入,使"刀枪不入"这类武林神话和电影科幻中的能力,可能变成现实。

在没有盔甲保护的情况下,人单凭肉身,就能做到刀枪不入——这不是荒唐透顶了吗?既然明知荒唐透顶,为什么传说中真有这样的人呢,难道传说本身就是彻头彻尾的胡说吗?

刀枪不入,不只是传说

据专家考证,我国武术的确有号称"铁布衫"的功夫,能表演刀枪不入。这种功夫练起来非常繁难,每日要经过无数次的跌打磨炼,用杠子和铁锤遍身捶打,还要经过特殊的药水浸泡,并配合呼吸的训练等,就连晚上睡觉都要睡在坚硬的木板床上。这种功夫用三五年时间真正练成以后，只要有一定的心理准备，一般的刀剑兵器是可以挡一下的，但是面对装有铁屑和炸药的枪械，就不行了，要是面对现代的子弹，那会当场毙命。

科技让传说变成现实

最近，荷兰科学家就研制出一种全新的人造皮肤，目前已初步具备了抵挡子弹的神奇能力，而且面对来自任何方向和角度的刀砍剑刺，这种皮肤都不会破。这项技术的发明灵感来自于成吉思汗。传说成吉思汗曾在一次战役中命令骑兵穿戴蛛丝马甲以防御弓箭，这说明蛛丝有很好的抗冲击力。受此启发，科学家将经过基因改造的山羊所产出的乳汁与蛛丝混合在一起，因为两者有相同的蛋白质经过搅拌混合后，再将混合的蛋白质分离出来制成一种材料。实验显示，这种材料可以在5周时间里进一步跟人体皮肤融合，生出一层柔韧性好且刀枪不入的"防弹皮肤"，这种皮肤的硬度相当于钢铁的10倍。

科学家指出，虽然目前这种"防弹皮肤"的效果离完美的"刀枪不入"的境界还有一些距离，但有望很快达到。不久，对于要奔赴战场的军人来说，根本不用穿笨重的防弹衣裤，只要提前一个月浑身上下涂抹了这种特殊的防弹材料，身体不但会像涂抹了一层油膏那样轻松，而且还可以自由穿梭于枪林弹雨之中。我们完全可以期待，"刀枪不入"这种武林里的神话以及电影里的科幻场景，很快就会在现实生活的舞台上真实地展现出来。

·摘自《读者》（校园版）2018年第7期·

假声音，真世界

楚云汐

制作精良的电影里除了有精美的影像，还有使人身临其境的各种声音。淅淅沥沥的雨声，叽叽喳喳的鸟叫声和鸟儿拍打翅膀的声音，它们都能瞬间将你置于枝繁叶茂、物种多样的大森林中，甚至为你带来丝丝凉意。在大脑听来，这些声音都源自真正的大自然，十分逼真。然而，我们的感觉是大错特错的。

来自厨房的造假艺术

音效设计师告诉我们，雨声可能是油煎培根的声音，而鸟儿拍打翅膀的声音则可能是由抖动橡胶手套或者拍打一张纸产生的效果。许多经典的电影背景声音都是极其逼真的仿真作品。

其中经典的一例是特写的香烟燃烧。在一些电影中，放大的香烟头在屏幕上闪烁。随着光柱的明暗一点点吞噬香烟，电影中传来香烟被火炙烤、然后灰烬落下的声音，让人感觉无比真实。但是，这实际上只是揉皱的保鲜膜发出的声响。只要紧握一个团成球的保鲜膜，然后松开，就能得到这种声音。

一个人被拳击手打脸，声音响极了。放心，并没有人被打得那么惨，这只是将一把菜刀快速插入卷心菜的声音。男主角骨头断裂了？"咔嚓"一声让人听得惊心动魄。当然，事实也不是这样的，骨头的断裂声可能来自手掰芹菜或冻生菜的声音。

更复杂的假声，更高超的技巧

音效团队需要录制潜水艇螺旋桨的声音，但团队所在地却找不到潜水艇，无法录制真正的潜水艇螺旋桨声。

后来，音效团队想了一个相对简单、容易操作的法子。他们去了一个朋友的游泳池，在泳池的水面上和水面下各安装了一个麦克风。然后，他们请一名队员表演"炮弹入水"，即从高处落入水中。这样，他们得到了两种声响：水下麦克风录制的水下声音和水上麦克风录制的声音。将这些录音组合在一起，就变成了水花四溅的声音。

这个声音有点响，所以他们将其降低了一个八度，这样就得到了一个低八度的水花四溅声。为了达到水下重低音的效果，他们又把高频的声音部分去掉，再降一个八度。然后，他们又加上了一点水上麦克风录制的水花四溅声，并将这个声音反复循环播放，就得到了模仿度极高的潜水艇螺旋桨的声音。

回响也是音效设计师常用的技巧。它是声音被周围物体反射回来所产生的声响。在山谷里大叫的时候，你就可以清楚地听到自己喊叫声的回响。在原声中加上不同时长的回响，能够延续声音，可以使造出的声音与画面相结合，变得更加鲜活。拿枪声来说，原声只有半秒，加上一段回响后，原声被拉长，这样就可以制造出距离感，造出枪声在山谷中经久回荡的效果，让人感觉像听到山谷里的枪声一样。

科幻电影中经常会出现各种神秘的大型生物，有一些是虚构的，比如《哥斯拉》里的两栖生物哥斯拉；还有一些曾经存在于地球上的远古动物，比如猛犸象、恐龙等。人们从未真正听过它们的叫声，但音效设计师却在电影里面展现了它们声音的魅力。

聪明的音效设计师利用铜管乐器和管乐器制造巨大的、刺耳的声响，以模仿这些不存在的庞大动物的嘶鸣，成功营造了恐惧的氛围，听到的人会感到十分紧张，有时身体会由于惊吓而微微颤抖。此时，黑暗的观影厅好像变成了漆黑的森林，而动物就藏在这夜幕深处，窥视着观众。

真实的感受哪里来

如上所述，电影里大多数的声音都是假的。可是，有了假声的电影却如此迷人，让人欲罢不能。为什么虚假的声音能够带来如此深刻、如此真实的感受呢？这与声音的本质和人类的进化有关。

声音可以被完美复制，因为归根结底，它是一系列频率的组合。油煎培根的声音与雨声相近，是因为这两者的频率相近，因此可以以假乱真。现在，有大量的仪器和剪辑软件能够满足音效设计师的各种想法。技术已经成为表达声音的一种不可或缺的方法。

为什么人们会把假声当成真的呢，明明知道是假的却还感到恐惧？除了仿声技术比较高超难以分辨之外，还有人类进化的馈赠，恐惧的声音尤其如此。这是在漫长的人类进化中,刻在我们基因里的本能反应。

远古时期,有很多动物我们的祖先并不认识,但只要听见异常的声音,人们会首先选择把它当成猛兽发出的声响,以便及时做出反应。经过漫长的进化,选择相信是来自野兽的优选策略已深深地刻在了我们的基因里。更何况乐器造出的声音频率中同时也掺杂了真实动物(比如大象)的声音,所以加上我们已有的经验,假声听起来变得更加真实可信。

明明知道是假的,但这声音仍让我们沦陷在一个胜似真实的虚拟世界里。

·摘自《读者》(校园版)2018 年第 2 期·

青春剧为什么总是选在夏天

孟大明白

有没有发现,青春片、校园剧留给我们最深的印象就是:学生都是活在夏天里的。从《奋斗》《蓝色大门》《老房有喜》《红苹果乐园》《十七岁不哭》《我在垦丁天气晴》到《海洋馆的约会》,剧中人物都是穿着T恤或吊带。有些剧甚至干脆用夏天来命名,如:《夏日里的春天》《北京夏天》《夏至未至》《忽而今夏》。连犯罪题材的电视剧《隐秘的角落》,都让人感觉好"热"。

只要不是跨度经过了好多年,必须展现四季,或是情节需要,青春剧的主角们会永远生活在夏天,这其中当然有奥妙。

通常我们把青春剧分为两种,以18岁为界,描写中学时代的统称为校园剧。国内最早的校园剧是1989年的《十六岁的花季》,主人公是一群上海的中学生,他们出生在20世纪70年代中期。

描写大学生活的影视剧被认为是青春偶像剧,因为可以正大光明地谈恋爱了,鼻祖应该是1998年的《将爱情进行到底》,李亚鹏、徐静蕾的成名作。青春剧受日剧影响很深,所以选址要么是有现代气息的城市,例如上海;要么是有韵味的城市,例如厦门、青岛——海滨城市的夏天肯定是最美的。

只有在夏天,才能开展与青春有关的活动。《将爱情进行到底》里面有多个重场戏都是跑步的场景,在大雨中奔跑、雨后追公交车,每当《等你爱我》的宏大前奏一响,配上几张挂满雨水的坚定脸庞,特别来劲儿。如果在其他季节拍,淋着这没完没了的人工降雨,演员们绝对会病倒。

《将爱情进行到底》特别经典的一场戏是李亚鹏扮演的杨铮举着手机,让徐静蕾扮演的文慧听海的声音。现在看着傻,但那时太让我向往了,好希望也有这么一个人用这么含蓄的方式向我表白。但要是冬天在海边举着手机,那就一点都不浪漫了。

编剧在构思情节的时候就已经假定故事只能在夏天发生,《阳光灿烂的日子》里,有个女孩在户外洗头的镜头就很美。这只能在夏天实现,否则男孩呆呆望着的就不是女孩热气腾腾的湿发,而是满头的冰碴子。还有一些只属于夏天的运动,特别具有美感,适合镜头表现。还记得马小军被米兰迷住时,米兰穿的是什么服装吗?对,是大红色泳衣。

我去过《芳华》的拍摄场地,最火的网红景点是游泳池,虽然没有水,但依然会让人回想起那些天蓝、柠檬黄、正红色的泳衣和令人眩晕的透明池水,还有池边飘扬的白色床单。

学生时代有两个时间节点最重要,一是大学开学季,无数校园爱情都是在入学那天萌芽的,《夏日里的春天》里面马苏扮演的李春天开学时就遇见了几位帅哥。开学当天也是最适合把主角未来的人际网一一交代清楚的一天,《致青春》里郑薇在开学这一天遇到了很多同学;《一起同过窗》的第一场戏就是所有主角在报到时登场;《想见你》的黄雨萱在大二开学时见到了王诠胜,陈韵如则是在暑假打工时认识了李子维。

对,暑假就是大学时代的第二个重要时间节点。学生生活平时是很单调的,寒假本来就短,春节必须和家人团聚,又占了一半时间,只有暑假漫长且作业少,足够从恋爱到失恋,或者来一场惊心动魄的冒险。如果不是因为暑假那么长,《隐秘的角落》里的朱朝阳哪有工夫处理那么多杂事,《北京夏天》里的大学生们哪能慢悠悠地排练话剧?

暑假之前的高考季是很多人都能共情的人生阶段。高考就像失恋一样,能唤起少男少女们无尽的思绪,那个挥汗如雨的夏天,那个最辛苦的夏天,那个一直缺觉的夏天……所以高考是校园剧绕不过的话题,高考前的紧张感和戏剧化非常适合影视表演。校园剧有一个很经典的场景就是高考结束后,学生们一边欢呼,一边把教材、试卷撕成碎片后从教学楼上纷纷撒下。《银河补习班》里就有这么一场戏,碎片下若隐若现的是教导主任铁青的脸。

夏天的服装也是最靓丽的,像我们都觉得《奋斗》里夏琳的穿着搭配土气,但那些小背心也凸显了她的平肩。《将爱情进行到底》里的演员造型放在今天照样时髦,文慧的头巾、双马尾,配上各种鲜艳活泼的T恤,让人好想模仿。

夏天的色彩是最丰富的,从镜头角度讲也美观,哪怕土也是鲜艳的土。《青春出动》里关萍的打扮现在看有点小镇青年的感觉,但深深浅浅的颜色是很有层次感的。《流星花园》火了后,内地紧接着拍了一部《红苹果乐园》,比F4还多产出了一个帅哥,组合叫A5。现在回头看这5个男孩也没那么好看,而且毫无演技,但青春就是最好的滤镜,让你可以无视他们非主流的发型和七彩葫芦娃般的衣服。

十几年前,人们在春、秋、冬三季最常穿的风衣、夹克、大衣,基本上还是黑、灰、驼三色,白色衣服都罕见。不信你回想一下《北京深秋的故事》《黑洞》《无证之罪》这种故事背景在秋冬的剧,是不是色调只有两个:昏黄和暗青。它们也是犯罪剧的基础色调。实际上夏天犯罪率更高,但冬天给人压迫、悲伤的暗示,沉重的剧情更倾向于设置在秋冬季。

另一个不为人知的是行业规则,剧组开机旺季有三个时间段:3月、6月和10月。演员习惯在春节期间看剧本,然后进组。除了6月,春秋拍戏肯定是最舒服的。一部电视剧的拍摄时间差不多3个月,前面说过大部分青春剧在南方取景,从4月起在南方就可以穿夏装了,所以3月、6月乃至10月刚开机时拍戏都会穿夏装,因此给人的感觉似乎都在夏天。

不仅青春剧,连选秀节目大多也会选在夏天播出,你总会听到主持人反复说"这个难忘的夏天"。《超级女声》主题曲中有一首许飞演唱的歌曲就叫《那年夏天》,毛不易在《明日之子》结束时的一曲《盛夏》唱哭了所有人,《乐队的夏天》也只能在夏天,不然穿着秋衣秋裤,谁还蹦得起来?

在人们的记忆里,青春期总是和盛夏相关的。你觉得它长得无边无际,总要考试、总在失恋、总有爸妈唠唠叨叨,但它似乎"嗖"的一下就过去了。当人生进入秋天,你会格外地想念逝去的那些夏天,那些扎双马尾不被说"装嫩"的日子再也回不去了。

18岁是中学到大学的交界点,大多数人升入大学时刚好年满18岁,是从少年迈入青年的历史性时刻,也是我们一生中最轻松的一个暑假,于是在这个夏天会发生很多故事。这些故事会成为最珍贵的宝贝，到我们白发苍苍的时候，可以被取出来反复摩挲。

18岁，是每个人都无法忘却的转变的时刻，它标志着我们从青涩走向成熟，忘掉依赖，习惯独立，从此按照自己的心意描绘未来的人生。告别陈旧的过去，才能迎接崭新的未来。

·摘自《读者》（校园版）2020年第21期·

这些"反派"让人恨不起来

马 鹿

当人类成了入侵者

科幻电影大多讲的是地球被外星人侵略的故事,比如《独立日》《世界之战》等,而卡梅隆执导的《阿凡达》却打破了这一惯例。

《阿凡达》的背景将人类放置在一个科技发达、力量强大的地位上。当拥有钢铁、炸药、无线通信的人类开始探索宇宙时,不可避免地,他们会成为地外星球的威胁者,成为侵略和毁灭者的化身。

《阿凡达》之所以有资格成为科幻电影史上的丰碑,主要是因为其传达的思想:一是反思人类,二是反思科学。纳美人"万物皆有灵"的和谐状态,正是人类的终极理想,而潘多拉这个绿意盎然、生机勃勃的星球也映衬着地球上令人担忧的环境现状。

假定人类在地球上的资源真如影片中所描述的那样濒临枯竭，而某个有着文明的星球上恰恰有我们急需的资源，在危急存亡之时，我们该不该去掠夺呢？当我们以外星人的身份去发动异星球的战争时，还有没有正义可言呢？届时的人类，还值不值得被拯救？这些问题也许永远没有答案，但永远值得思考。

拥有田园梦想的灭霸

21世纪最成功的科幻系列电影，当数漫威电影了。2018年上映的《复仇者联盟3》，其中的灭霸可以说是迄今为止漫威塑造的最圈粉、最具魅力的反派。他的实力超强，打个响指，宇宙的半数生命就没了。因为不能忍受宇宙资源被无节制消耗，所以他试图通过自认为最公平的方式（随机毁灭宇宙一半人口），来解决宇宙面临的危机，保证宇宙的持续繁荣。

灭霸的随机理论，不夹杂任何私情，规避了生命之间的比较，规避了弱肉强食的生存法则，不是为了一己之私，而是为了维护"宇宙的平衡"。对于秉持"同生死，共存亡"观念的普通人来说，这种终极方案是无法理解的，所以灭霸注定是一个孤独的枭雄，是一个理想主义的悲情人物。但当灭霸最后完成自我赋予的使命，解甲归乡，凝望夕阳之时，那一刻，他并非一个无心绝情之人，他的信念是真的，他的泪水也是真的。

假如有一天地球遭遇浩劫，人类濒临毁灭，那么，谁将牺牲，谁将被拯救呢？这是灭霸带给我们的终极难题。

一个小丑的诞生

小丑，众所周知，是王牌反派，蝙蝠侠的头号宿敌。他没有超能力，不遵守规则，不在乎名利，他的存在只有一个目的——考验人性。

由托德·菲利普斯执导的电影《小丑》讲述了这个反派的起源故事。亚瑟本来只想做个给人们带来欢乐和笑声的喜剧演员，但面对黑暗的社会现实，他毫无还手之力，只能一次次被漠视，直至精神上的纯真被耗尽。

笑，是亚瑟对抗外界的唯一武器。他笑得太用力，好多次像是要哭出来，却还在继续笑。一个无人关怀的卑微个体，眼泪流在心里，最终在黑暗的深渊发出最冷酷、最令人心痛的笑声。

我们为什么同情小丑？不只是因为我们厌倦了大同小异的超级英雄，而是因为小丑的穷途末路、极端孤独，确确实实存在于我们每个人的灵魂之中。只愿我们不被邪恶裹挟，始终美好。

·摘自《读者》(校园版) 2020 年第 21 期·